MW01709453

Fabienne Joubert

La tapisserie au Moyen Âge

Éditions Ouest-France
13, rue du Breil, Rennes

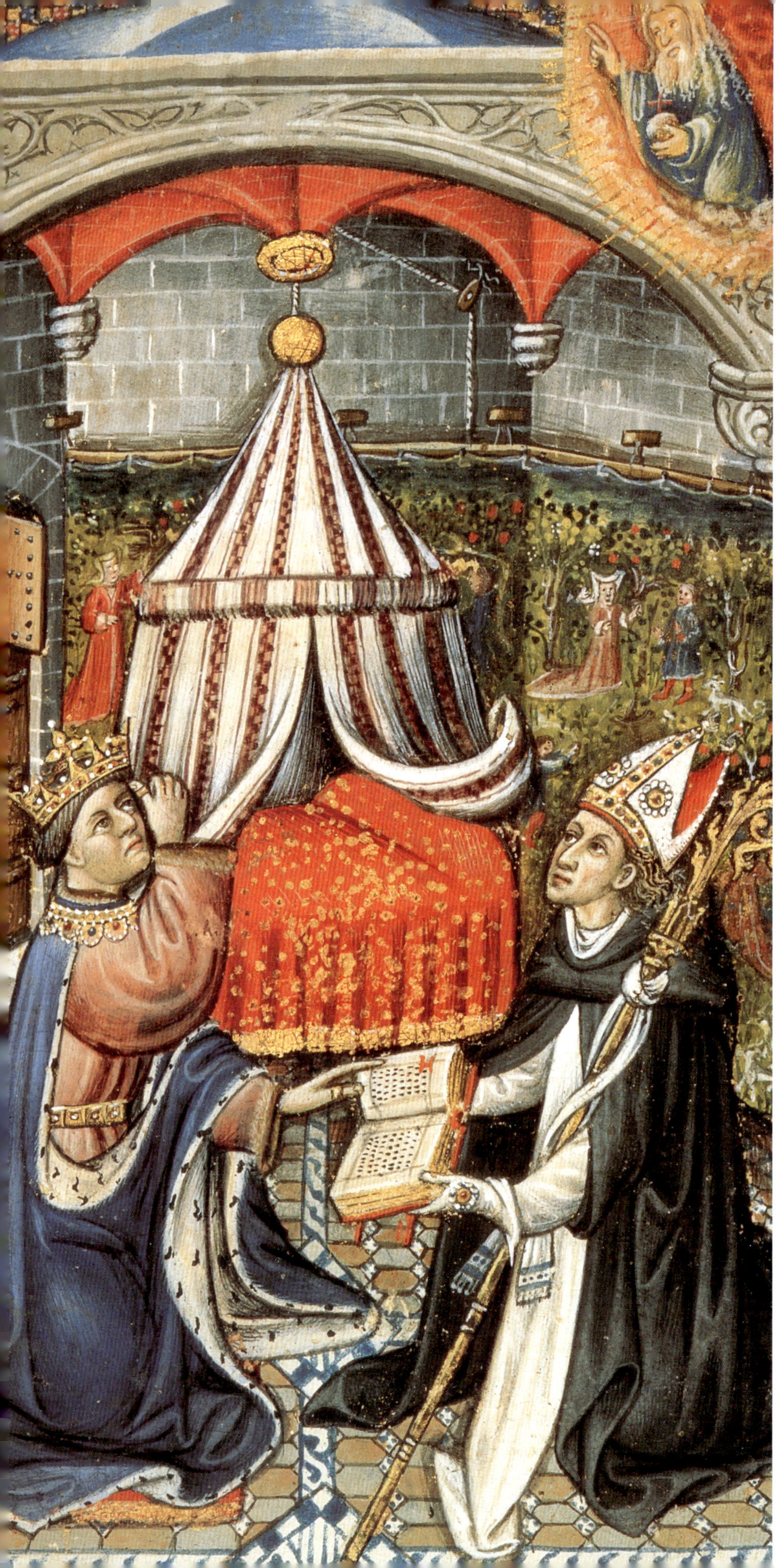

Introduction

La tapisserie n'est certes pas un art inventé au Moyen Âge. On connaît l'existence de cette production artistique dès l'Antiquité et l'on conserve encore quelques exemples spectaculaires, provenant plus particulièrement de l'Egypte chrétienne : ornements de vêtements le plus souvent, tentures de plus grandes dimensions aussi, attestent la vitalité de cette production copte.

La pratique, sans disparaître tout à fait, semble ensuite réservée à des entreprises ponctuelles et quelques témoignages datant de l'époque romane, comme la tenture du trésor d'Halberstadt, permettent de vérifier que la maîtrise de cette technique ne s'est jamais perdue. Rien cependant, dans ces premières expériences, ne pouvait laisser prévoir le développement inouï de cet art à la fin du Moyen Âge.

Le goût pour la tapisserie au Moyen Âge

◄ ***Fig. 1 : Livre d'heures d'Alphonse V d'Aragon,***
milieu du XVe siècle
Londres, British Library : Add. ms 28962, fol. 14 v. Avec l'autorisation de la British Library.

Le confort

Le succès rencontré par la tapisserie en Europe, aux XIVe et XVe siècles, peut sans doute s'expliquer en premier lieu par l'impression de confort qu'apportaient de telles tentures de laine, souvent enrichies de soie et de métal précieux. L'amélioration thermique évidente apportée par ces tentures qui réchauffaient les murs, au sens propre du terme, a d'ailleurs certainement conduit à les voir préférer aux décors peints, dans des pays au climat parfois rigoureux (fig. 1).

Dans le monde religieux aussi, l'accrochage de tentures de chœur au-dessus des stalles permettait de protéger un peu les chanoines des courants d'air, comme les miséricordes de stalles soulageaient leur station debout.

La tradition des tentures textiles

Suivant là une coutume ancienne qui consistait à habiller d'étoffes ou de broderies les murs et le mobilier, les tapisseries servirent à leur tour à couvrir parois, lits et sièges (fig. 2). On parlait alors de « chambre de tapisserie », comme celle évoquée dans un compte du duc de Bourgogne Philippe le Hardi tenu en l'année 1393 : « Une chambre de tapisserie blainche toute ornée à pluseurs ymaiges sur le contenu du Romant de la Rose, contenant pluseurs pièces, garnies de cordes et de robans toute preste pour tendre, c'est assavoir la couverture du lit... le ciel... le dossier... le tapis de la couche.... IIII grans tapis a tendre pour faire muraille... un banchier.... et XII quarreaulx. »

De telles descriptions fournies par les textes médiévaux sont assez explicites et permettent de pallier la disparition de ces ensembles conçus comme un tout. En effet, aujourd'hui, les pièces dispersées ne permettent plus d'en appréhender qu'un lointain souvenir et l'on conserve principalement des tapisseries destinées à décorer les murs, celles prévues pour couvrir les meubles ayant été plus exposées à l'usure.

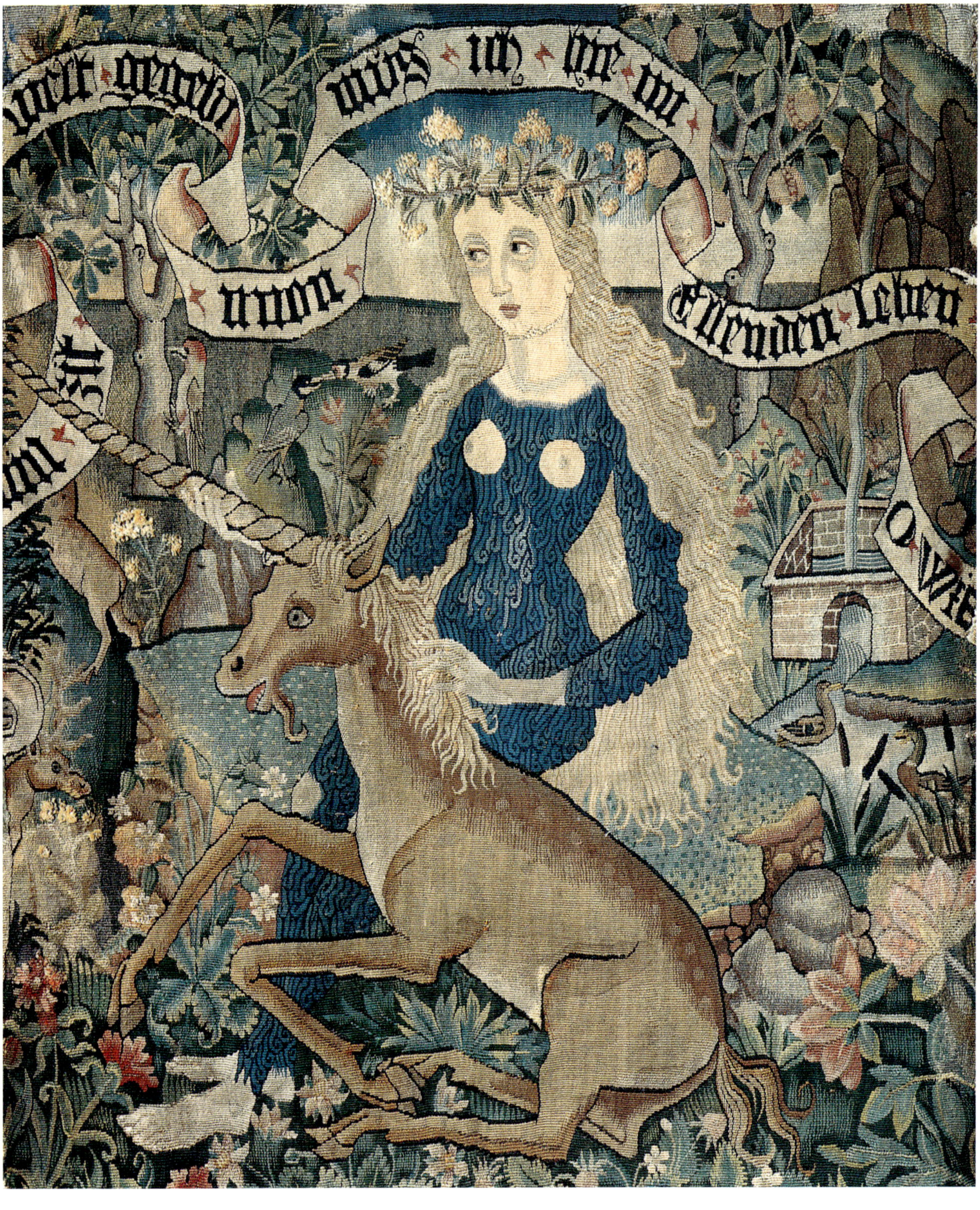

◄ ***Fig. 2 : Femme sauvage et licorne*** *(couverture de coussin), Strasbourg, vers 1500-1510.*
Bâle, Historisches Museum, inv. 1926-1940. Photo M. Babey.

La facilité de manipulation

Grâce à la relative facilité de manipulation des pièces, les princes et nantis pouvaient reconstituer, de résidence en résidence, un cadre de vie chaleureux qu'ils transportaient avec leurs meubles et leurs vêtements. A l'occasion d'un voyage qui l'emmena de Paris à Bruges, en 1375, Philippe le Hardi eut besoin de « trois charioz a quinze chevaux » pour ses tapisseries et ses parures vestimentaires, ce qui ne saurait bien sûr surprendre de la part de cet amateur passionné.

La destination mobilière des tapisseries a souvent conduit aussi leurs propriétaires à les traiter avec une certaine désinvolture, les découpant pour les adapter à un nouveau cadre, ou pour en alléger le poids lors des accrochages... Nombre de comptes princiers révèlent de telles situations où les pièces tissées, ne donnant pas satisfaction, sont mises à de nouvelles dimensions mieux adaptées à leur usage.

L'utilisation comme décor éphémère

Faciles à emporter et à exposer en tous lieux, les tapisseries se montraient par là même parfaitement adaptées à la création de décors éphémères. C'est ainsi que le duc Louis II d'Anjou, à l'occasion de son mariage avec Yolande d'Aragon en décembre 1400, fit porter d'Angers à Arles, puis déployer dans la cour d'entrée du palais épiscopal, la célèbre tenture de l'*Apocalypse* commandée par son père, une tenture longue de près de 150 mètres.

Nombreuses furent encore les circonstances de fêtes ou entrées royales au cours desquelles des tentures étaient suspendues dans les rues. S'il est certain que l'on s'est souvent contenté de réaliser, pour de telles occasions, des toiles peintes, les exemples ne manquent pas où l'on a cherché à décorer le passage du roi de « moult riches tapisseries », ainsi peut-être lors de l'entrée de Louis XI à Lyon en 1476, qui offre l'occasion de tendre « plusieurs histoires en l'honneur et loüange du Roy ».

Une forme de thésaurisation ?

Il n'est pas toujours facile de rendre compte des raisons profondes de l'engouement manifesté à l'égard de ces tapisseries, que certains princes — comme les ducs de Bourgogne — collectionnaient en un nombre stupéfiant, sans pouvoir pourtant les suspendre toujours aisément en raison de leurs dimensions considérables.

Ainsi, dès l'apparition, au cours de la seconde moitié du XIVe siècle, de cet art nouveau, plusieurs princes Valois et en premier lieu Louis d'Anjou et Philippe le Hardi amassèrent des dizaines de tentures qu'ils conservaient soigneusement pliées dans des sacs.

L'exemple le plus étonnant reste celui de la suite de l'*Apocalypse* d'Angers. Composée de six pièces d'environ 25 mètres de long chacune, sur une hauteur de 6 mètres, elle n'a pu avoir été déployée dans aucune résidence connue de son commanditaire, le duc Louis d'Anjou ; et dans la cathédrale d'Angers, où elle sera déposée par le roi René et où elle demeurera pendant plusieurs siècles, elle n'a jamais trouvé d'accueil suffisant pour y être suspendue en entier : ainsi, sa destination originelle reste une énigme que l'importante documentation d'archives relative à ce chef-d'œuvre n'a pas permis de résoudre.

Un nouveau support pour les décors historiés

La principale qualité de ces tentures, lorsqu'on les compare avec les autres tentures textiles réalisées à l'aide de techniques mécaniques, était d'offrir un décor historié beaucoup plus élaboré que les motifs héraldiques, végétaux ou animaliers inlassablement répétés par les métiers à tisser, motifs auxquels on se limitait généralement jusqu'alors.

Ces derniers types de décor ne seront pas abandonnés cependant, car ils correspondaient à un goût profond pour le langage symbolique. Mais à leurs côtés, ce furent désormais des compositions plus complexes, de véritables scènes narratives que l'on déployait.

Les affinités avec la peinture murale

Dès lors, il apparaissait possible de transposer sur un support mobile des représentations aussi élaborées que celles des peintures murales. Les analogies sont même parfois frappantes : ainsi celles qui rapprochent les murailles peintes de la chambre du Cerf, au palais des Papes en Avignon (fig. 3) et certaines mille-

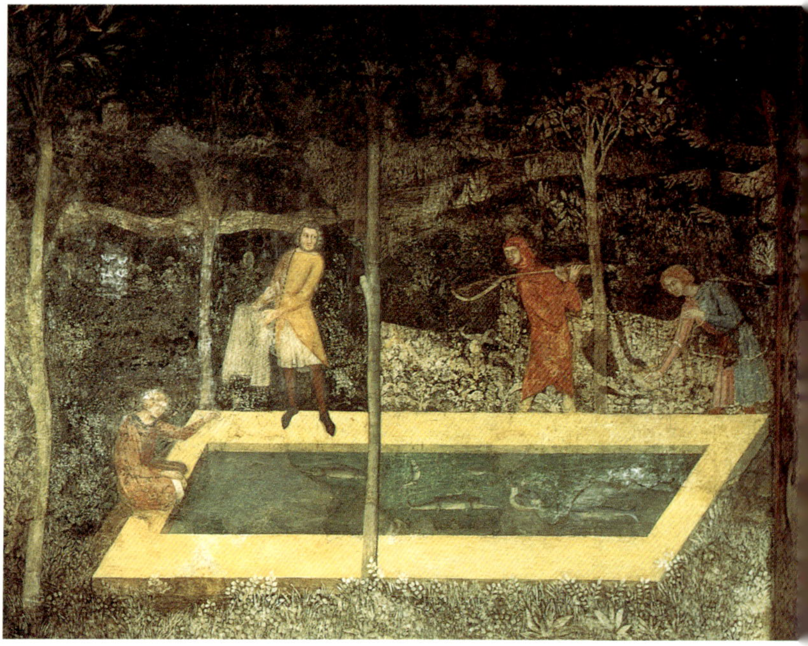

Fig. 3 : Chambre du Cerf, pêcheurs autour d'un vivier, palais des Papes en Avignon, 1343.
© RMG-DASPET.

fleurs conçues, de la même manière, pour intégrer les figures humaines et leur action à un cadre de faune et de flore luxuriantes (fig. 4).

Les règles propres à l'art de la tapisserie, qu'il s'agisse de la logique de sa production comme de ses contraintes techniques, interdisent cependant de la considérer comme une simple version, traduite dans la laine, des formules de la peinture murale.

Un support ostentatoire de l'identité du commanditaire

Objets de luxe, au coût très élevé, et de surcroît particulièrement voyants, les tapisseries aidaient sans doute à affirmer avec éclat une puissance matérielle, au même titre que les joyaux et pièces d'orfèvrerie. Objets convoités qui devinrent assez vite des cadeaux appréciés, dont l'efficacité lors de tractations diploma-

Fig. 4 : Le départ de la chasse,
tenture de la Chasse à la Licorne,
vers 1495-1505.
New York, The Metropolitan Museum of Art, The Cloisters Collection ; Gift of John D. Rockefeller, Jr., 1937.

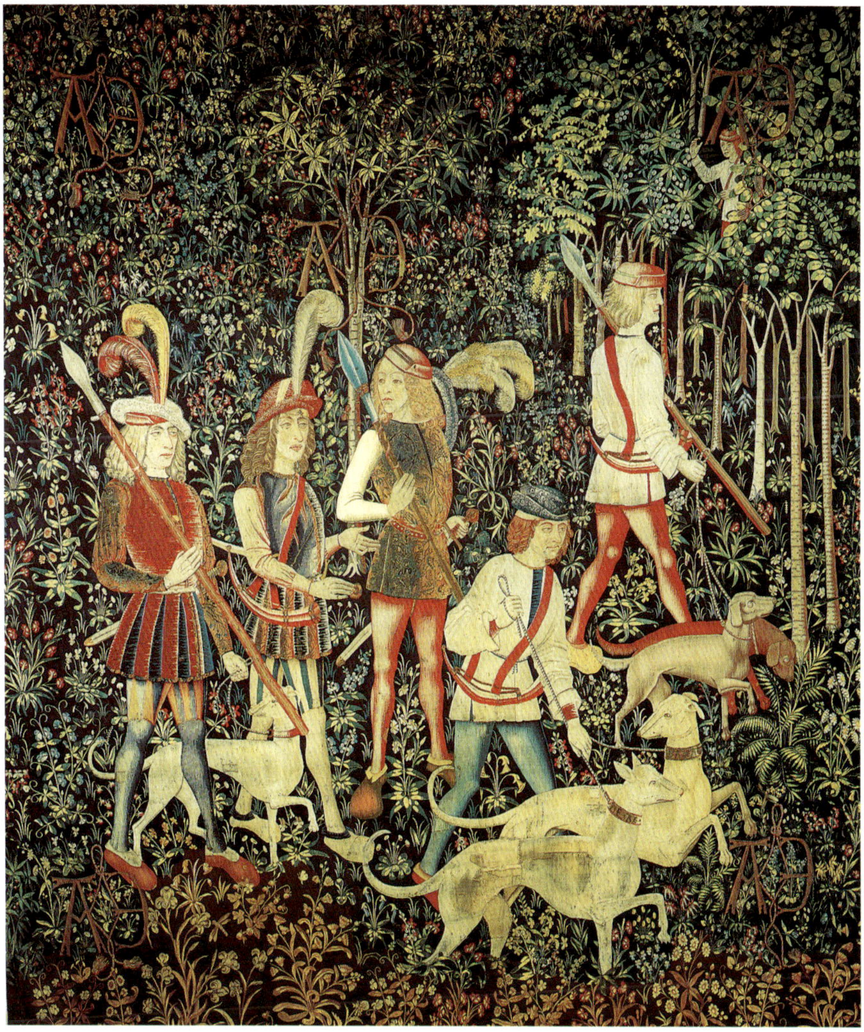

tiques — des ducs de Bourgogne là encore — semble avoir été reconnue et recherchée.

Il apparaît en tout cas certain que l'exemple montré à la fin du XIVe siècle par les deux princes Valois — Louis d'Anjou et Philippe le Hardi — fut rapidement suivi par une large clientèle, en France comme dans toute l'Europe, clientèle à qui ce type d'œuvre monumentale offrait un support idéal à son désir d'ostentation : elle trouvait là toujours la possibilité de déployer en les multipliant ses armoiries sur de larges surfaces, comme on le faisait déjà depuis longtemps avec les tentures brodées ou façonnées.

Une production importante est ainsi souvent mentionnée dans les textes, et partiellement conservée, de tapisseries dont le décor est limité à de simples motifs décoratifs, souvent fleuris, au sein desquelles sont répétées avec insistance les devises et les quartiers de noblesse dont le seigneur médiéval tirait sa fierté (fig. 5).

D'ailleurs, une tenture célèbre comme celle de la *Dame à la Licorne*, dont le programme iconographique ne se limite certes pas à ces motifs héraldiques, montre bien cependant à son tour comment son commanditaire, Jean Le Viste, un grand bourgeois de la magistrature rêvant d'anoblissement, a cherché à surimposer à un discours allégorique, par ailleurs fort riche, la répétition obsédante de ses armoiries.

Le domaine religieux n'échappait pas à cette volonté d'ostentation et les tentures de chœur évoquaient, par la représentation de leur donateur intégrée au début ou à la fin du récit, par la multiplication de ses armoiries et enfin par une inscription explicite, le souvenir de la libéralité dont il avait fait bénéficier l'Eglise (fig. 6).

Fig. 6 : *Robert de Lenoncourt présenté à la Vierge par saint Remi,* *détail de la dixième tapisserie de la Vie de saint Remi, vers 1525.*
Collection musée Saint-Remi, Reims.
Photo musée Saint-Remi.

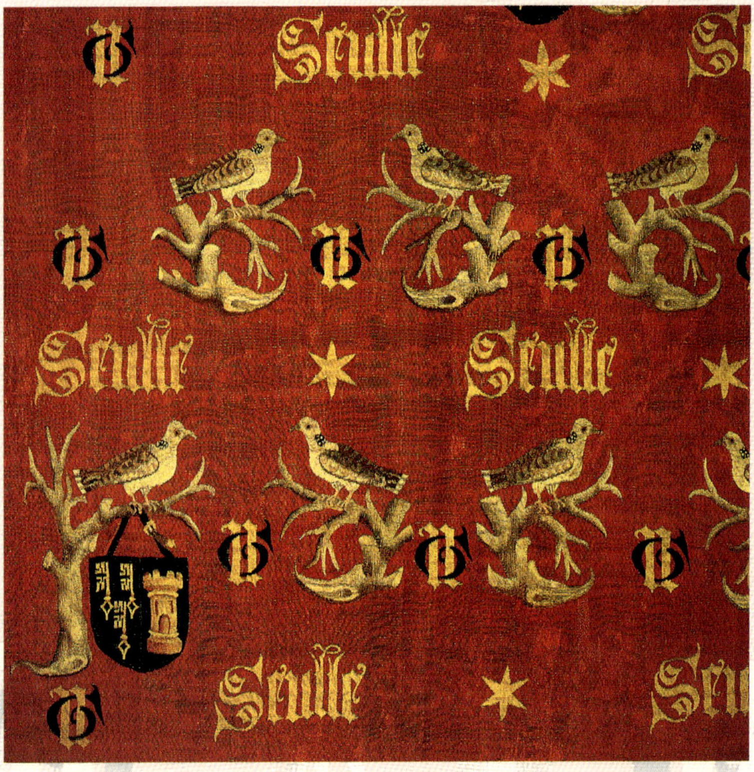

Fig. 5 : *Tapisserie aux tourterelles et à la devise « Seulle »* *(détail), milieu du XVe siècle.*
Beaune, Hôtel-Dieu. © Hospices de Beaune.

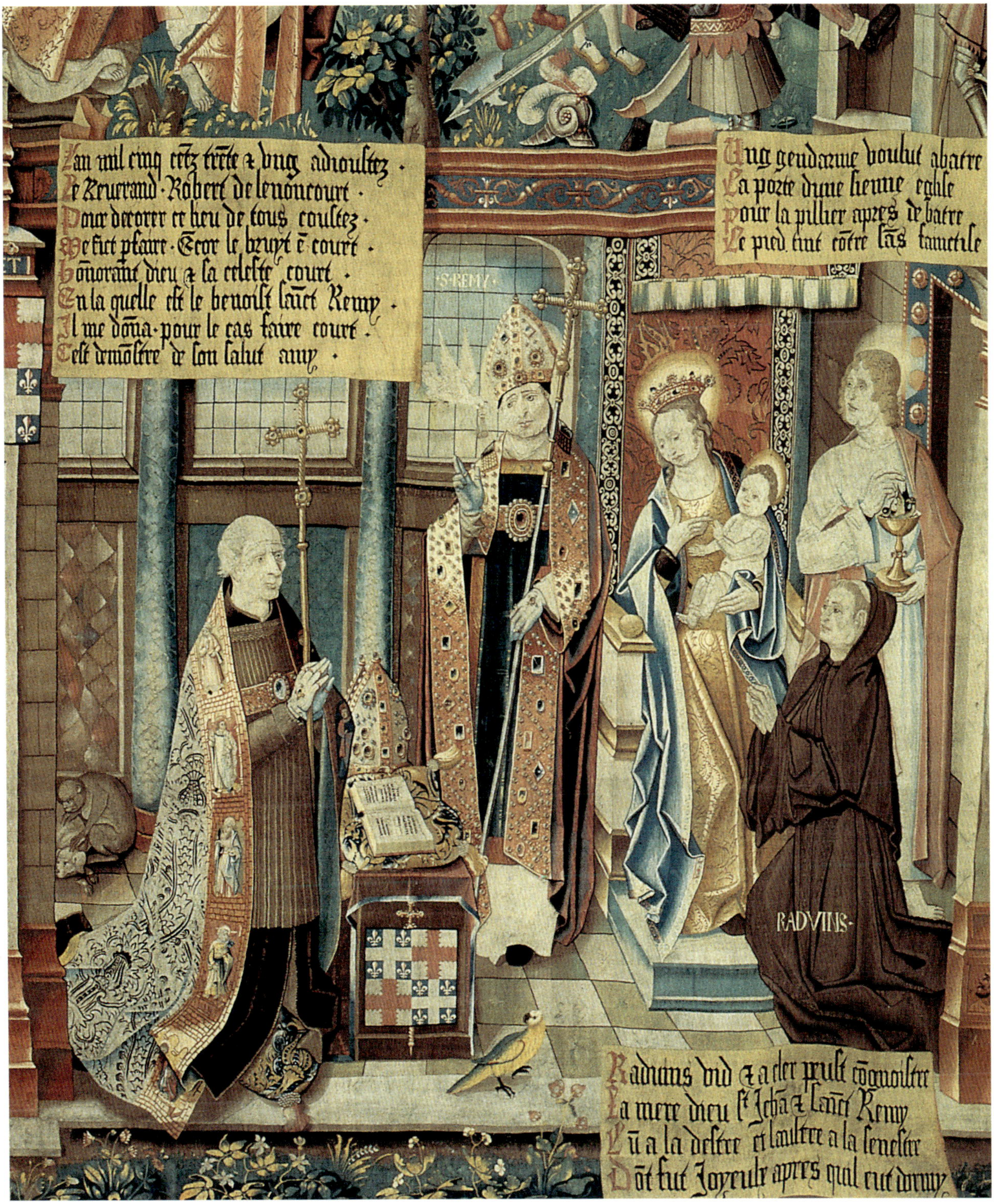
S·REMY
RADVINS·

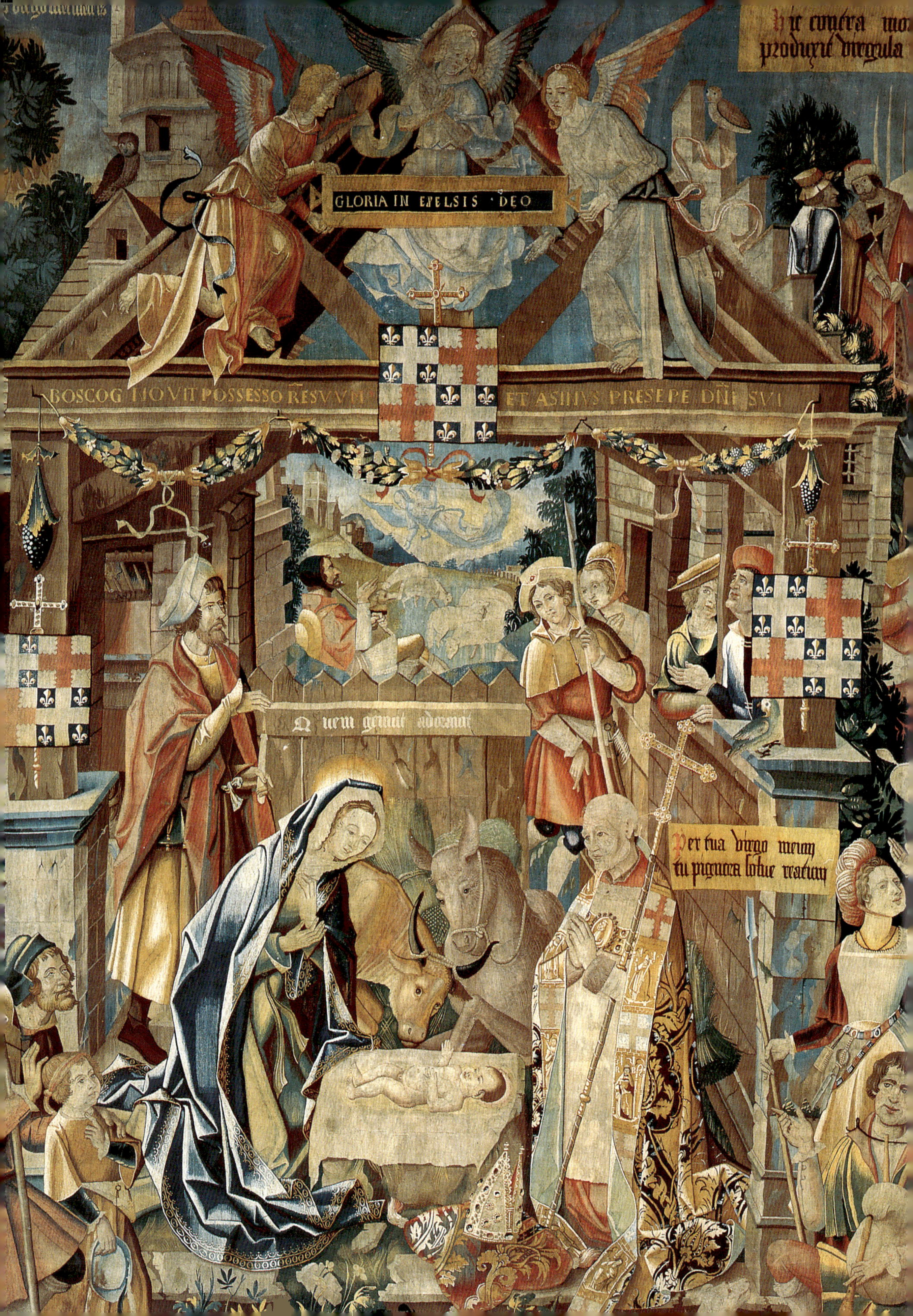
GLORIA IN EXELSIS · DEO
BOSCOG NOVIT POSSESSO RESVVM
ET ASINVS PRESEPE DNI SVI
Quem genuit adoravit
Per tua virgo meum
tu pignora solve reatum

Les thèmes iconographiques privilégiés

Fig. 7 : **La Nativité** *(détail) tenture de chœur de la Vie de la Vierge, cathédrale de Reims, avant 1530.*
© CNMHS.

Si l'affirmation de l'identité du commanditaire était omniprésente, ici comme partout ailleurs à cette époque, l'intérêt particulier que montrait la tapisserie était de permettre le développement d'un discours historié, celui-ci s'avérant d'autant plus circonstancié que son support possédait des proportions importantes.

Le cas particulier des tentures de chœur

Les tentures de chœur, précisément, offraient la possibilité d'évoquer en détail la Vie du Christ ou celle de la Vierge, ou encore la vie du saint patron de l'édifice ; elles comportaient souvent la relation d'épisodes assez rares, requis en raison de la longueur impressionnante des œuvres. Les clercs fournissaient alors l'énoncé des scènes dont ils trouvaient la source la plus riche dans la *Légende dorée* de Jacques de Voragine, qu'ils complétaient souvent aussi à l'aide de récits hagiographiques plus obscurs. C'était eux aussi qui rédigeaient les panneaux légendés accompagnant et explicitant les actions.

Il s'agissait toujours de mettre en valeur le souvenir d'un saint vénéré dans l'église, lequel servait souvent aussi à rehausser son éclat, et parfois plus particulièrement celui du commanditaire, en suggérant des analogies avec des événements contemporains ; on y trouvait encore l'évocation de croyances populaires bien ancrées dans une région ou une ville.

La Bible

La tapisserie se révélait également comme support idéal des longs développements empruntés à la tradition biblique. En témoigne bien ainsi l'exemple célèbre de la tenture de l'*Histoire de Gédéon* — aujourd'hui perdue — commandée en 1453 par Philippe le Bon pour servir de cadre aux grandioses cérémonies de l'ordre de la Toison d'or. Tout en illustrant la victoire de Gédéon sur les Midianites, elle rappelait aussi la volonté farouche du duc de Bourgogne de mener la croisade contre les Infidèles. En multipliant les occasions de la déployer devant les yeux de ses courtisans, le prince assurait la propagande la plus sûre de son entreprise.

On trouvait encore un discours particulièrement riche dans les tentures de l'*Histoire de David*, figure recherchée en cette fin du Moyen Âge tant elle symbolisait parfaitement le repentir sincère du roi après ses odieux agissements : de telles suites furent nombreuses dans les milieux princiers particulièrement, probablement parce qu'elles évoquaient au mieux le lien privilégié existant entre Dieu et le souverain. Mais la tapisserie fournissait en outre un support de choix à ce thème, conduisant à la multiplication des scènes, comme à la création d'épisodes inconnus de la Bible : celui des adieux émouvants de Bethsabée à son époux Urie que l'on rencontre sur la tenture spectaculaire conservée au musée d'Ecouen doit pouvoir s'expliquer ainsi.

La doctrine typologique, au centre des préoccupations médiévales, est évidemment présente dans la tapisserie. Dans bien des cas, le nombre élevé des exemples évoqués par l'image atteste une compilation savante et une pensée complexe, comme la tenture de la *Vie de la Vierge* de la cathédrale de Reims pour laquelle le commanditaire, l'évêque Robert de Lenoncourt, avait fait opérer une synthèse puissante des xylographies de la *Bible des Pauvres* et du *Speculum humanae salvationis* (fig. 7). Le caractère ostentatoire de la tapisserie permettait de délivrer un message fort et complexe.

▼ **Fig. 8 : *La Justice désarmée par la Miséricorde***, *tenture du Triomphe des Vertus sur les Vices, vers 1510-1520.*
Musées royaux d'Art et d'Histoire, Bruxelles.

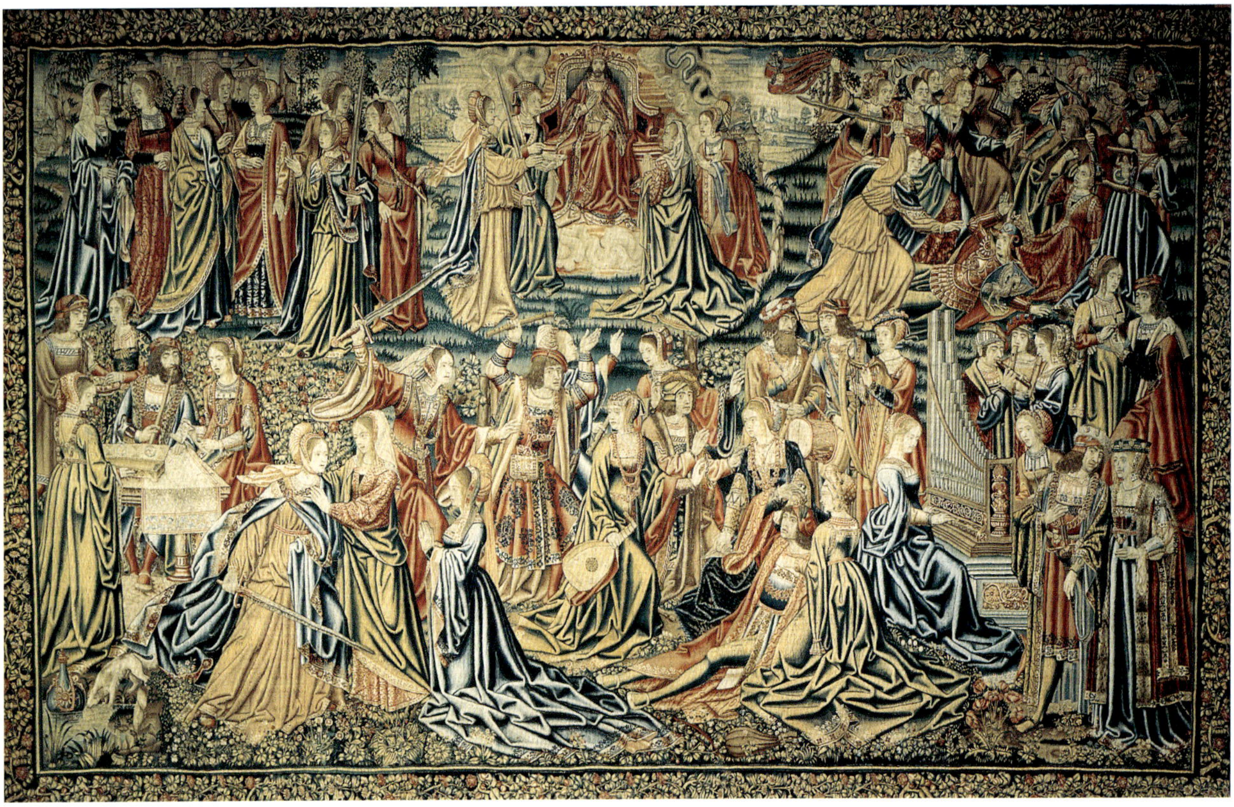

Le même esprit devait régner dans une tenture perdue commandée par le duc de Bourgogne Philippe le Hardi où des versets du *Credo* des Apôtres étaient systématiquement mis en parallèle avec des extraits des *Livres* des prophètes.

Les enseignements moraux

Parmi les thèmes moralisateurs, celui du combat des vertus et des vices semble avoir été l'un des plus prisés. C'est en multipliant les images allégoriques qu'il se développa alors, s'inspirant des traités des Rhétoriqueurs contemporains, et adoptant comme eux des modes de représentation compliqués (fig. 8).

Le discours allégorique se nourrissait de textes littéraires, amalgamant au besoin des traditions distinctes : la suite des *Triomphes* de Vienne témoignait ainsi de la connaissance de Pétrarque, mais aussi de celle d'Erasme...

On le constate encore avec le thème de la fuite du temps et de la mort, omniprésent en cette fin du Moyen Âge, qui se montre dans une tapisserie du musée de Cleveland dans un langage parfaitement paisible et détendu : la destination mobilière de telles pièces justifiait sans doute leur ton très particulier, plutôt aimable et bucolique, et ce malgré la gravité du sujet.

Les thèmes profanes

Plus recherchés encore, les thèmes proprement profanes se prêtaient à des discours aussi prolixes et puisaient dans la culture et l'imaginaire les plus vastes.

La guerre

La guerre et ses affrontements fournissaient un des sujets les plus fréquemment représentés, qui permettait d'abord de faire allusion à des batailles contemporaines dont les princes aimaient à garder et déployer aux yeux de tous le souvenir.

Dès la fin du XIVe siècle, la tapisserie de la *Bataille de Roosebeke* célébrait la victoire remportée sur les révolutionnaires flamands par l'armée du roi de France venue porter secours en 1382 au duc de Bourgogne Philippe le Hardi : ce dernier commanda en effet, quatre ans après l'événement, une tapisserie de 40 mètres de long destinée à conserver et promouvoir les images de cette victoire décisive. Mais cette œuvre ambitieuse et sans aucun doute spectaculaire ne se révéla guère commode à manipuler, aussi, quelques années plus tard — en 1402 — le duc dut faire découper l'immense pièce en trois morceaux...

Nombre de tentures furent encore conçues dans le même esprit, comme la suite composée de six pièces qui évoquait les combats de Formigny en 1450, et par là même la reconquête de la Normandie par le roi Charles VII : appartenant aux collections royales françaises et peut-être tissée d'après des modèles de Jean Fouquet, son seul souvenir nous est conservé aujourd'hui par des dessins réalisés au XVIIe siècle.

La chasse

La tapisserie, par sa destination mobilière, accueillait cependant avant

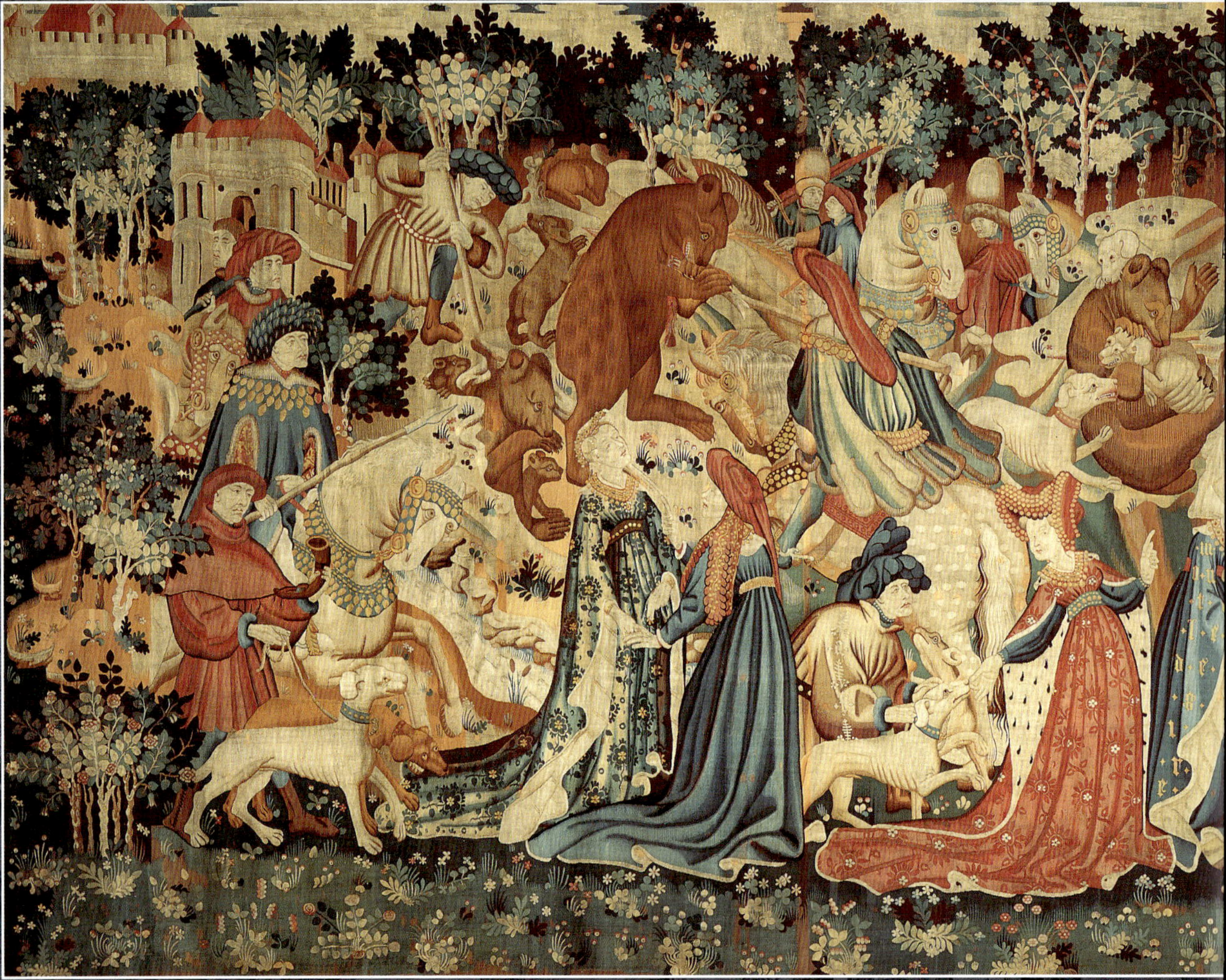

tout des évocations plaisantes. Et l'on affectionnait les allusions aux moments privilégiés de la vie du seigneur, comme ceux de la chasse : les nombreuses pièces aujourd'hui conservées témoignent de la faveur de ce thème qui permettait de décrire une ambiance de fête à laquelle participaient de brillants seigneurs, entourés de leurs chiens excités dans un paysage luxuriant (fig. 9). Il ne déplaisait pas d'y trouver des animaux traqués, et les détails de blessures horribles coexistaient volontiers avec la richesse des costumes et celle des frondaisons.

Les paysans au travail

On ne doit pas s'étonner non plus de découvrir aussi de nombreuses variations sur le thème du travail des paysans, bergers, vendangeurs ou bûcherons qui comportent en particulier de précieuses représentations des costumes et des outils contemporains (fig. 10 et 11). C'est une évoca-

▲ **Fig. 9 : *La chasse à l'ours et au sanglier,*** *tenture des* Chasses du Devonshire, *deuxième quart du* XV*e siècle.*

Londres, Victoria and Albert Museum.

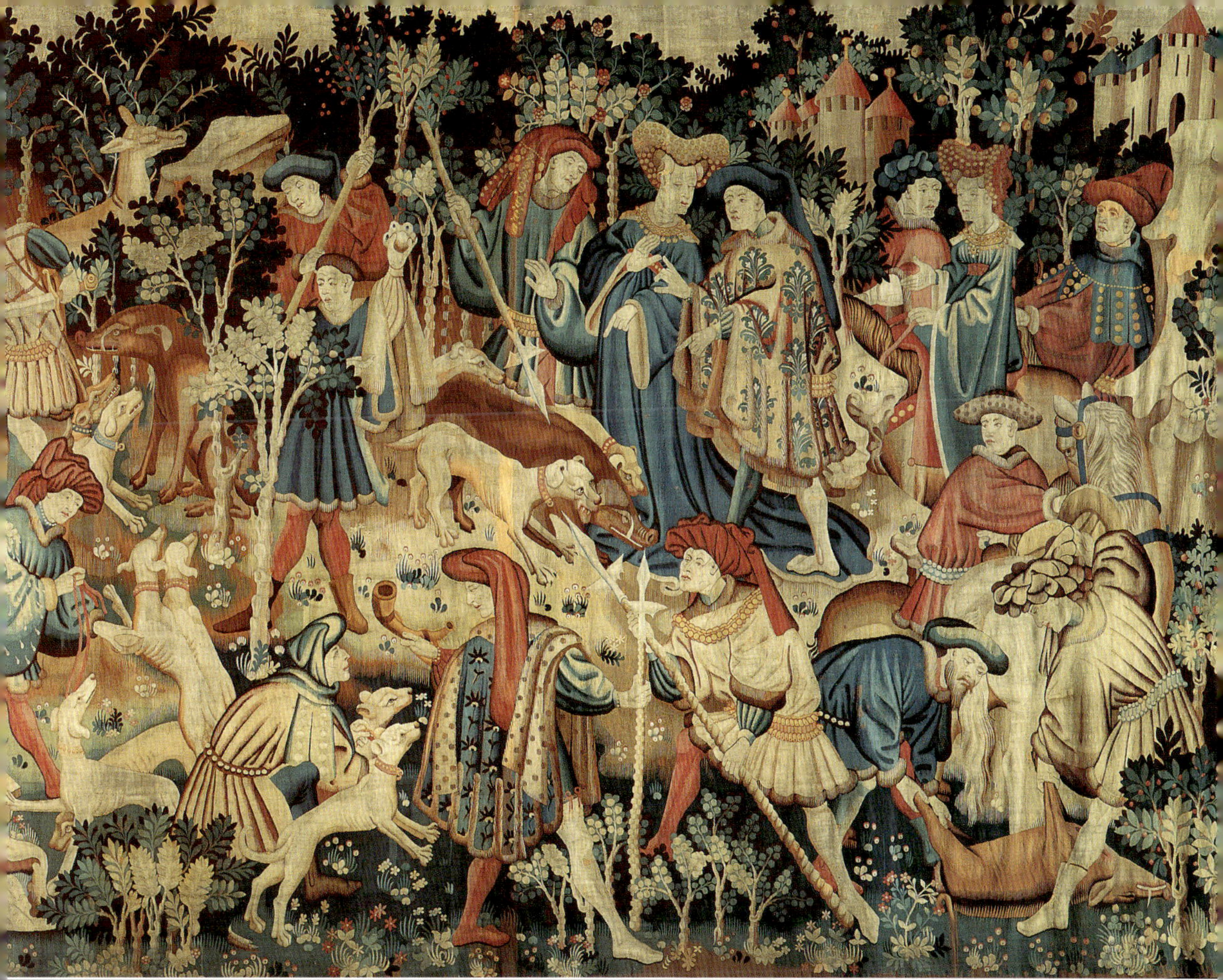

tion confortable du monde qui était ici attendue des commanditaires, où chacun se devait de tenir sa place et de jouer le rôle qui lui était assigné.

Ce genre de tapisseries n'était d'ailleurs pas réservé au monde laïc, et de hauts dignitaires du clergé, généralement issus de la noblesse, possédaient aussi ce genre de pièces ; l'un d'entre eux, l'évêque d'Arras, reçut en 1393 de Philippe le Hardi le cadeau somptueux d'une tapisserie à fils d'or « a devise de Bergiers et Bergières » : mais au-delà du suje divertissant, peut-être y voyait-il une connotation symbolique chrétienne.

L'histoire ancienne

L'histoire ancienne occupait elle aussi une place privilégiée dans l'iconographie de la tapisserie médiévale. La cour de Bourgogne, la première, a multiplié ces évocations du passé en cherchant constamment à les utiliser pour affermir le prestige de sa dynastie

Lorsqu'il épousa Marguerite d'York, Charles le Téméraire commanda ainsi une tenture illustrant le *Couronnement de Clovis*, que l'on considérait alors comme un des plus illustres ancêtres de la race bourguignonne. Mais d'autres princes trouvèrent aussi dans les héros du passé des modèles de chevalerie, ce qui explique en particulier le succès jamais démenti du thème des Preux (fig. 12).

Le plus souvent, la narration des récits épiques n'entretenait qu'un rapport lointain avec la vérité historique. Le discours prenait un tour romanesque et généralement moralisateur, parfois hermétique et souvent difficile à décrypter aujourd'hui. Un fragment de tapisserie du musée du Moyen Âge montre ainsi une scène où sont associés divers personnages de l'histoire

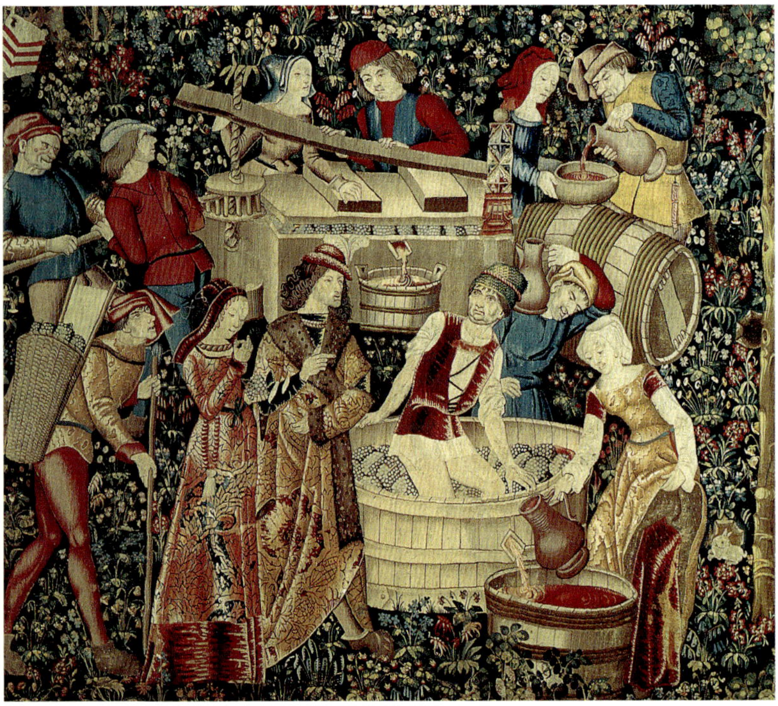

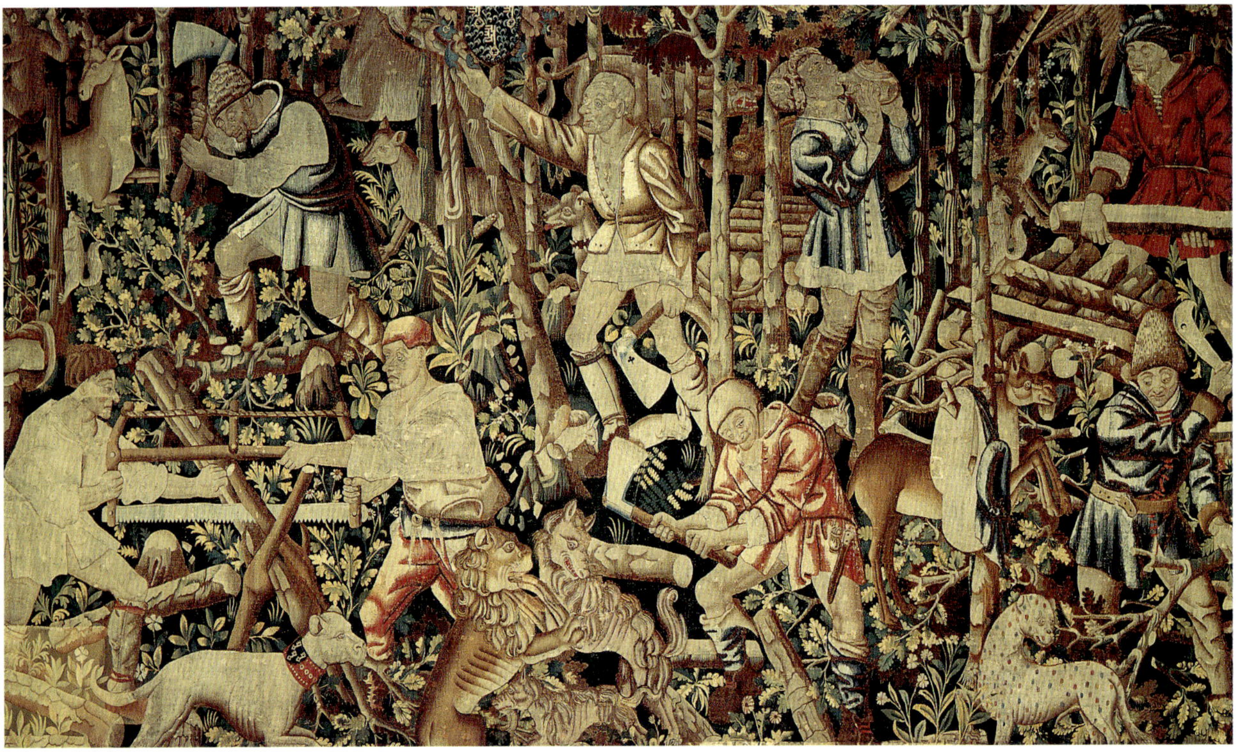

◀ *Fig. 10 : Les vendanges,*
détail de la partie gauche,
vers 1480.
Paris, Musée national du Moyen Âge, Cluny.
© Photo RMN, J.-G. Berizzi.

Fig. 13 : Bataille ▶
et Embarquement,
début du XVIe *siècle.*
Paris, Musée national du Moyen Âge, Cluny.
© Photo RMN, G. Blot/C. Jean.

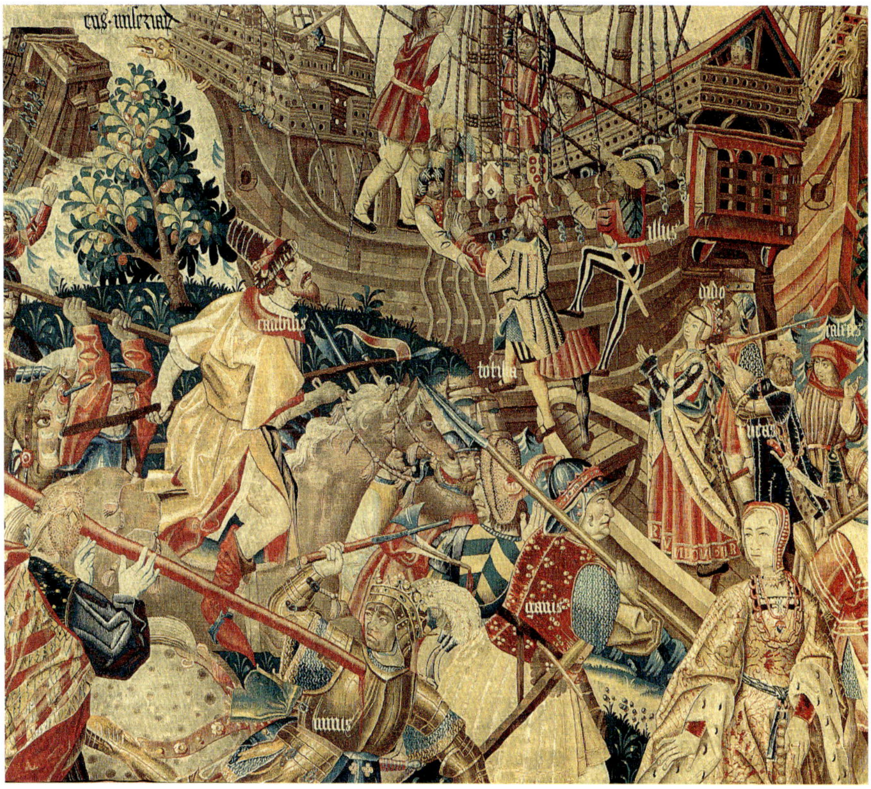

◀ *Fig. 11 : Les bûcherons,*
vers 1460.
Paris, musée des Arts décoratifs.
Photo Laurent-Sally Jaulmes.
Tous droits réservés.

ancienne ayant vécu à plus de vingt siècles d'écart ! (fig. 13). Aux côtés de Didon et Enée, on découvre ainsi Totila, roi ostrogoth d'Italie vers le milieu du VIe siècle, mais aussi Canbisis, roi de Perse en 529 avant Jésus-Christ et Ninus, fondateur mythique de l'Empire assyrien vers 2000 avant Jésus-Christ… Il faut imaginer la source de cet étrange rassemblement dans une compilation de la fin de l'époque médiévale, tout aussi riche en épisodes anachroniques.

C'était surtout un passé revêtu d'accessoires contemporains que l'on aimait voir dépeindre alors : les armées d'Alexandre ou de César comportaient d'étonnants chevaliers en armes du XVe siècle (fig. 14).

Fig. 12 : Le roi Arthur, ▶
détail de la tenture des Preux,
début du XVe *siècle.*
New York, The Metropolitan Museum of Art,
The Cloisters Collection, Munsey Fund, 1932.

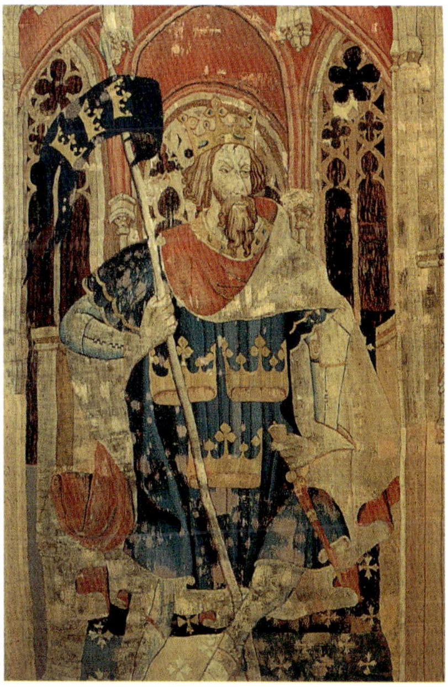

Rapidement, le goût pour de tels sujets avait gagné une large clientèle, et l'on ne doit pas s'étonner de voir un grand prélat comme le cardinal-archevêque Charles de Bourbon commander une suite de l'*Histoire d'Hercule* (aujourd'hui aux Musées royaux d'Art et d'Histoire de Bruxelles), dont les personnages évoluent dans le décor et les costumes de son temps.

Les romans

Une approche comparable valait pour les thèmes empruntés à la littérature, et l'on transposait volontiers une chanson de geste comme celle de *Jourdain de Blaye* dans le contexte des années 1400 aisément reconnaissable aux détails de la mode, des coiffures, ou encore des armures (fig. 15).

La *Condamnation de Banquet*, une moralité largement diffusée au XVe siècle, fut illustrée dans une tenture mentionnée en 1511 parmi les collections du duc Antoine de Lorraine (fig. 16). C'était l'occasion de décrire des banquets et des ripailles autant que les punitions destinées à leurs participants. La leçon de morale était clairement rendue, mais elle n'interdisait pas que l'on s'attarde avec complaisance sur de minutieuses descriptions de personnages aux atours rutilants, de musiciens, de dressoirs et de tables luxueusement dressées.

Le symbolisme

D'autres tapisseries adoptaient un ton plus symbolique, dont l'interprétation s'avère désormais plus ou moins assurée. Il semble bien, cependant, que l'on puisse reconnaître dans la pièce représentant les *Cerfs ailés* au musée de Rouen l'allusion au victorieux Charles VII, identifiable par son étendard, et que suggère encore un cerf ailé au centre d'un enclos (fig. 17) ; les deux cerfs ailés enjam-

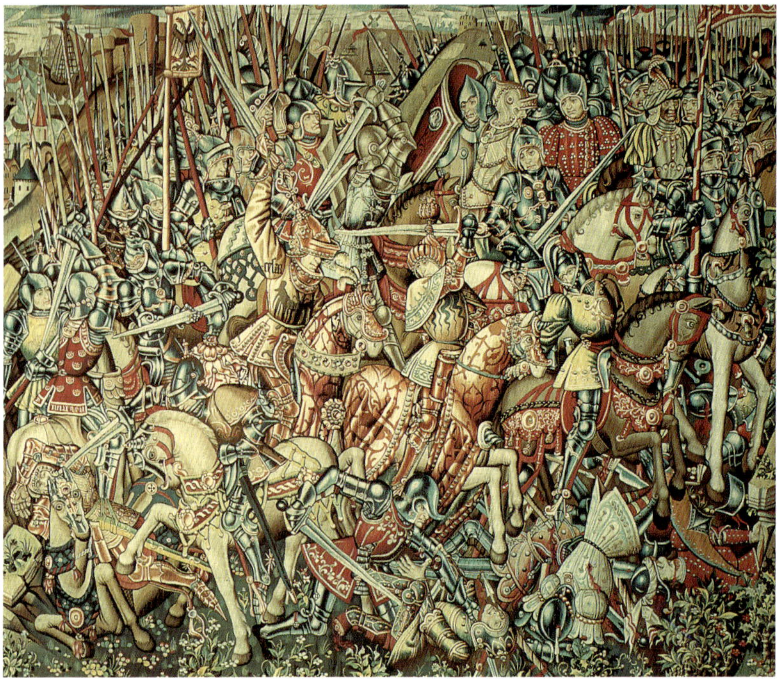

▲ **Fig. 14 :** ***César franchit le Rubicon*** (détail) *tenture de l'*Histoire de César, *troisième quart du* XVe *siècle.* Berne, Historisches Museum.

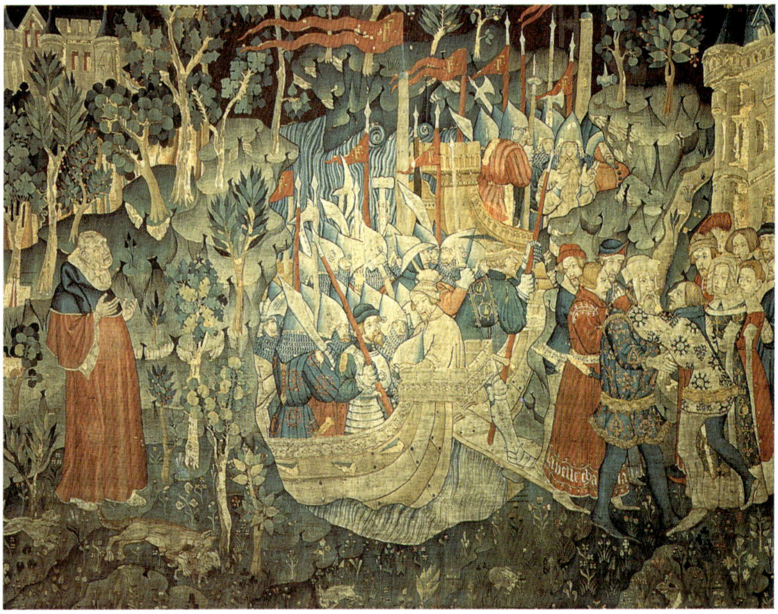

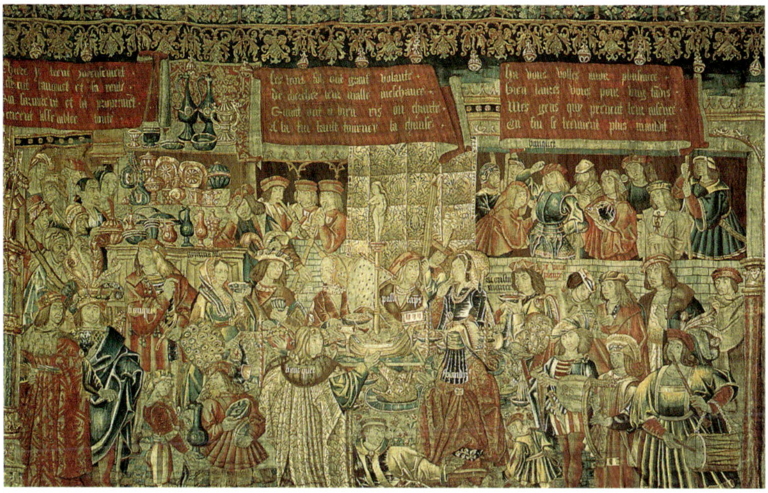

▲ *Fig. 16 : Le repas de Banquet, tenture de la* Condamnation de Banquet, *début du XVIe siècle.*

Nancy, Musée lorrain.

◀ *Fig. 15 : La rencontre de Fromont et Gérard, tenture de l'*Histoire de Jourdain de Blaye, *vers 1400.*

Padoue, Museo Civico.

bant la clôture devaient sans doute évoquer à leur tour les provinces de la Guyenne et de la Normandie reprises à l'Angleterre lors des batailles de Formigny et de Castillon, les Anglais étant eux-mêmes présents ici grâce aux lions restés hors de l'enclos.

L'exotisme

Certains faits de civilisation inspirèrent encore durablement les programmes iconographiques déployés sur la tapisserie, comme la découverte de la voie des Indes par Vasco de Gama : immédiatement après 1500 se multiplièrent dans les textes les mentions de « tentures à la manière de Portugel et de Indie », de « gens et de bêtes sauvages à la manière de Calcut », du « voyage de Caluce » ou de l'« histoire indienne a oliffans et jeraffes » ; quelques pièces aujourd'hui conservées suggèrent assez combien l'imaginaire de ce tournant de siècle se complaisait à de telles évocations exotiques et colorées, riches en personnages excentriques et en animaux spectaculaires, autant de figurations propres, de surcroît, à remplir la mission décorative et narrative des tapisseries.

L'actualisation

L'énumération de ces thèmes privilégiés par les amateurs de tapisserie et l'approche de l'esprit dans lequel ils étaient traités conduisent à reconnaître la volonté toujours réaffirmée dans ces pièces, volonté qui conduisait à figurer le monde immédiatement contemporain, que l'on aborde l'histoire ancienne ou encore les scènes bibliques, les romans arturiens comme les allégories morales les plus traditionnelles…

Ainsi, dans la suite de l'*Histoire de David et Bethsabée*, au musée d'Ecouen, le palais du roi David fut très exactement inspiré des formes du palais du Coudenberg, la résidence des ducs de Bourgogne à Bruxelles (fig. 18).

Et dans ce même milieu brabançon, l'iconographie de la tenture de l'*Histoire de Notre-Dame du Sablon*, à Bruxelles, était encore significative. Composée dans les années 1516-1518, elle était censée représenter la cour du duc Jean III de Brabant qui avait participé, selon la tradition, à l'accueil d'une statue miraculeuse de la Vierge en l'église du Sablon : l'événement s'était produit en 1348, et ce fut cependant toute la cour des Habsbourg, régnant aux Pays-Bas au moment de la commande de la tenture, qui prêta ses traits aux personnages de la légende. Plus encore, le commanditaire, François de Taxis, s'y fit représenter dans le rôle du messager, allusion claire à la fonction de maître des postes qu'il avait occupée dès sa fondation par Philippe le Beau, en 1500. On trouve là une

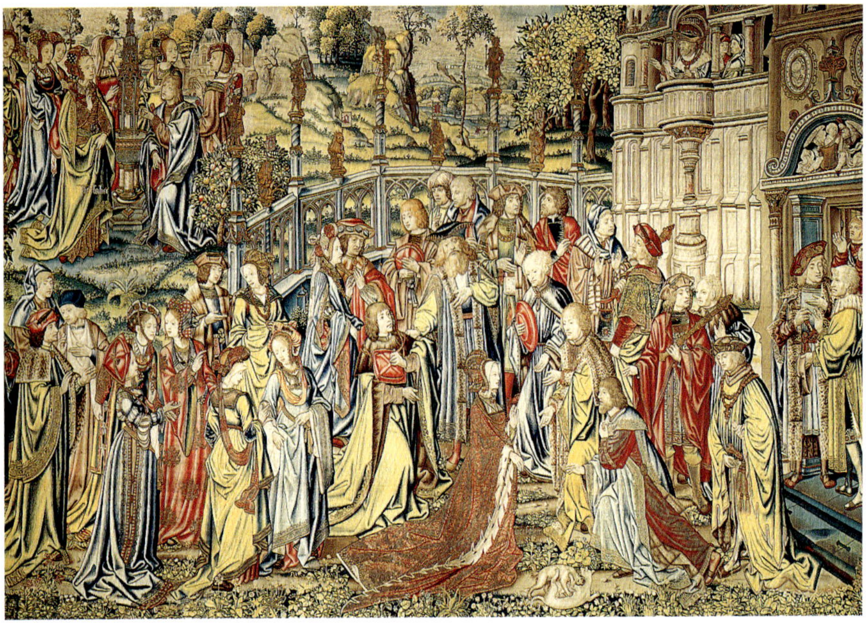

Fig. 17 : Les cerfs ailés, ► 1453-1461.
Musées départementaux de la Seine-Maritime.
Photo Yohann Descandes.

◄ ***Fig. 18 : Bethsabée, remarquée par le roi David, est invitée au palais,*** *tenture de l'*Histoire de David et Bethsabée, *vers 1510-1515.*
Musée national de la Renaissance, Ecouen.
© Photo RMN, G. Blot.

idéale imbrication, pour le commanditaire, entre les récits légendaires pieux, les allusions à ses protecteurs princiers, et celles qui rappelaient son propre destin.

Ainsi, c'est parce qu'elle répondait à une attente très particulière de ses commanditaires que la tapisserie afficha une telle originalité au sein des arts figuratifs de la fin du Moyen Âge. Par sa destination et par ses dimensions, ses qualités furent avant tout narratives et décoratives : elle permettait de créer une ambiance de vie, d'évoquer les préoccupations des commanditaires comme la guerre, la chasse ou les plaisirs de la campagne, dans une vision idéale et positive.

Le spectateur ayant difficilement une perception complète de l'ensemble du thème ou du récit, ce furent les instants, démultipliés pour couvrir de vastes surfaces, qui furent privilégiés. Parfois dictés par des lettrés, mais le plus souvent composés d'amalgames de traditions, légendes ou lieux communs, les thèmes iconographiques s'avèrent parfois difficiles à déchiffrer et ils sont rarement issus d'une source unique et simple. D'ailleurs, la complexité des récits et des allégories morales chères aux esprits de la fin du Moyen Âge trouvait là un support idéal, ne demandant aucun effort de synthèse, encourageant au contraire d'infinis développements.

La tapisserie offrait enfin aux commanditaires un support parfaitement adapté à leur désir d'ostentation : ostentation de leur puissance financière certainement, mais aussi, plus largement, de leur identité. La multiplication des portraits, armoiries et devises le montre suffisamment, mais plus encore le souci constant d'actualiser des mythes et récits anciens ou de décrire un monde contemporain flatteur.

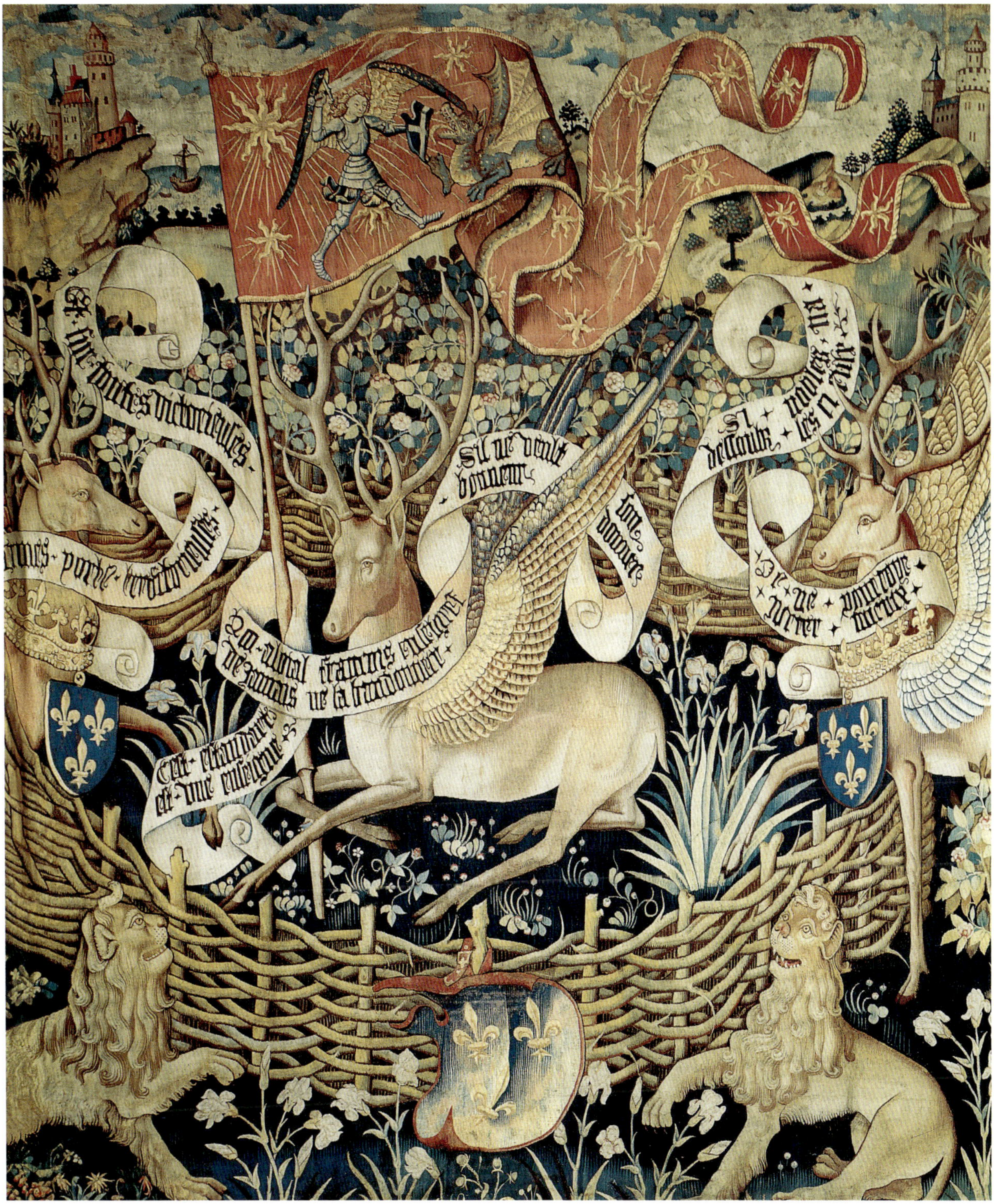

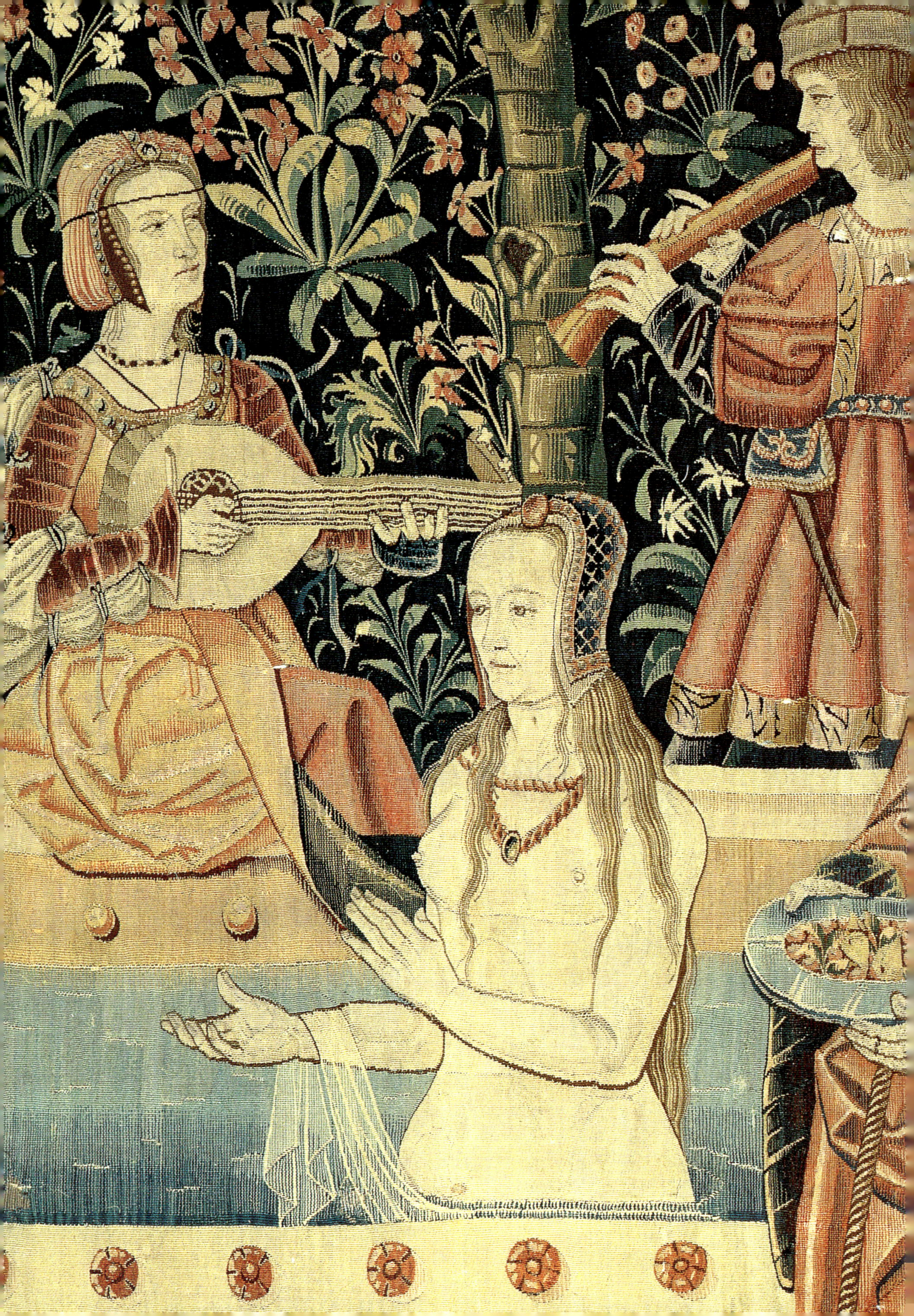

Les « tapissiers » : la production et le commerce

◄ *Fig. 23 : **Le bain***
(détail), *voir page 38.*

Les débuts de la production

La tapisserie médiévale était exécutée à la main et sans procédé de répétition mécanique : le lissier réalisait en même temps le tissu et son décor, en passant des fils de trame colorés entre des fils de chaîne tendus sur un métier.

Cette technique, bien connue du monde antique, n'avait jamais tout à fait disparu. Et dès les premières années du XIVe siècle, alors que la documentation d'archives commence à comporter des informations précises sur le monde des artisans, on voit des « tapissiers » installés dans les villes de Paris et d'Arras : il reste cependant difficile de connaître exactement la nature de la production de ces derniers, production qui semble plutôt appartenir à la catégorie des œuvres aux motifs répétitifs, de contenu symbolique ou simplement ornemental.

Au contraire, au cours de la seconde moitié du XIVe siècle, le métier, en réalisant désormais des tapisseries déployant des programmes historiés, a connu un essor véritablement spectaculaire. Il est probable que ce fut la crise subie par la draperie flamande, mise à mal par une forte concurrence anglaise, qui engendra alors la reconversion de certains ateliers vers une production originale, luxueuse celle-là et qui rencontra aussitôt un immense succès auprès de la clientèle princière.

La reconversion fut simple et rapide dans ces régions des Pays-Bas du Sud et concerna toute une main-d'œuvre qualifiée pour l'industrie textile : celle qui se consacrait à la filature ou à la teinture, comme celle du tissage proprement dit.

De puissants entrepreneurs

Il s'agissait là d'une industrie extrêmement coûteuse. Elle exigeait que l'on dispose d'une puissante trésorerie car elle nécessitait l'importation de matières précieuses : ainsi, en plus de la laine d'Angleterre, on utili-

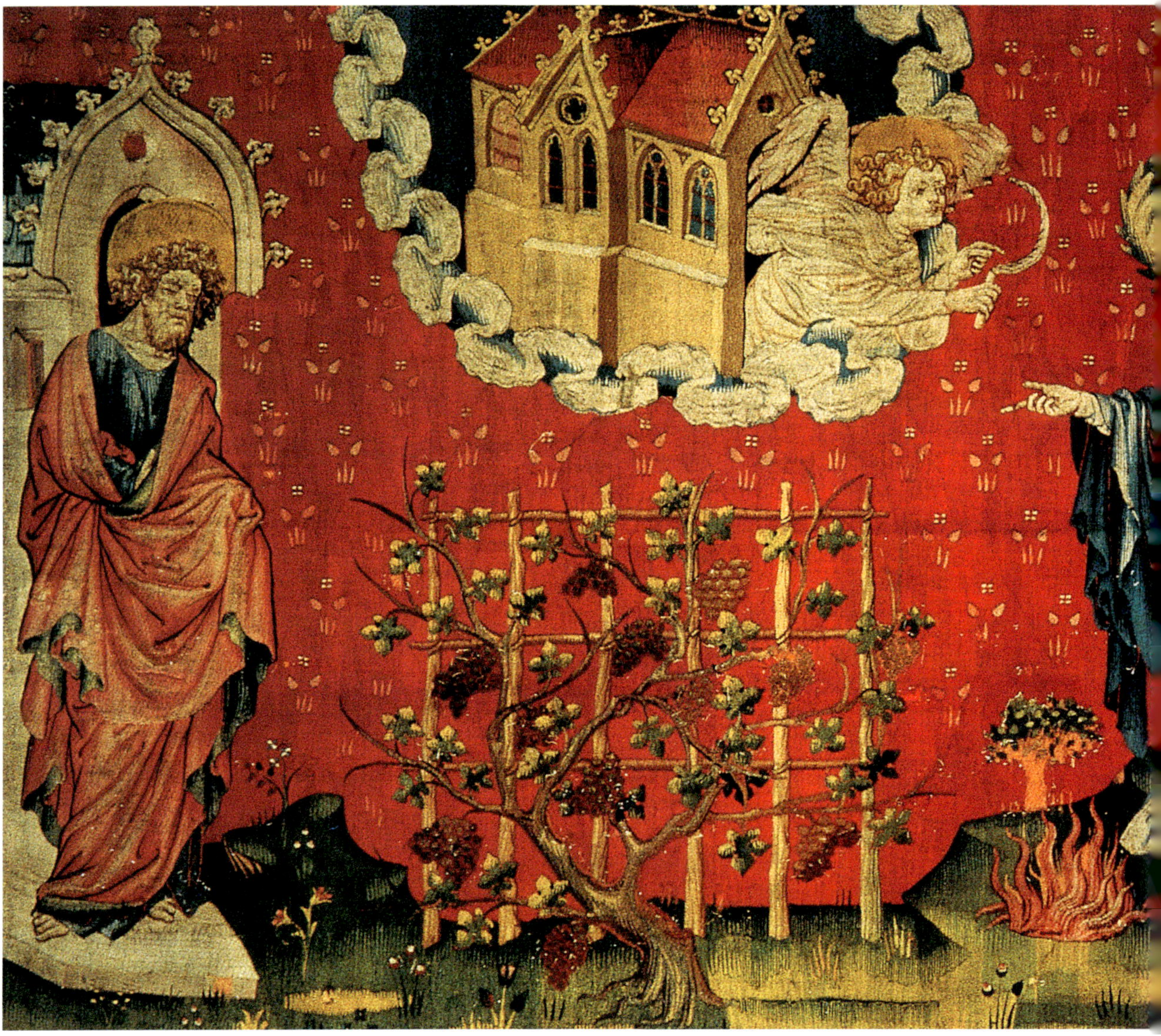

Fig. 19 : *La vendange des réprouvés,*
tenture de l'Apocalypse d'Angers (scène 54).
Château d'Angers.
© Inventaire général/F. Lasa-ADAGP.

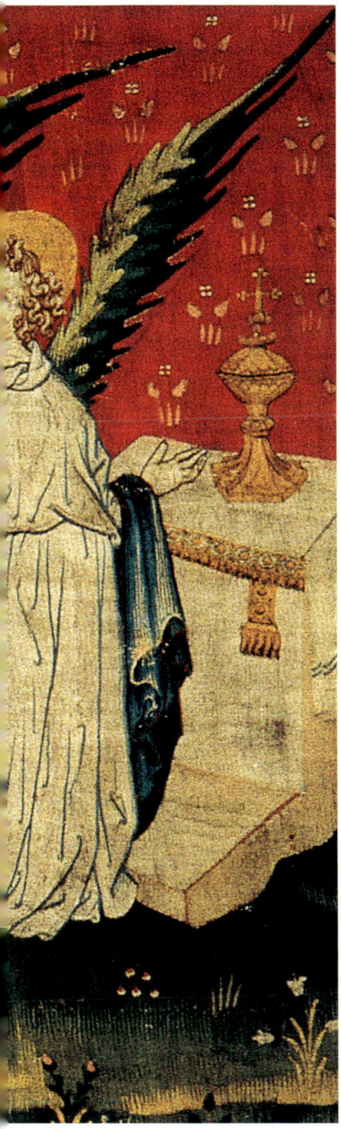

sait la soie d'Italie et les fils d'or de Chypre. En outre, le travail, long et minutieux, demandait des artisans qualifiés. Seuls de riches entrepreneurs pouvaient promouvoir une telle production fournie par la main-d'œuvre traditionnellement laborieuse de ces régions ; seuls de puissants négociants pouvaient supporter les retards de paiement fréquents de la part d'une clientèle princière le plus souvent à court d'argent.

Le modèle arrageois de la fin du XIVe siècle

On connaît particulièrement bien la situation d'Arras grâce aux importants fonds d'archives de la ville. Les marchands de tapisserie y appartenaient à la classe des riches négociants ; ils assumaient une activité diversifiée et souvent liée au commerce des vins et ils comptaient parmi les patriciens de la ville en occupant souvent les sièges de l'échevinage. Généralement, de confortables fortunes leur permettaient de disposer des capitaux nécessaires à l'organisation de la production.

Il semble bien que ce furent la ville d'Arras et la personnalité de ses marchands qui dominèrent la production et le commerce de la tapisserie historiée au début de son histoire. D'autres villes voisines, Bruxelles en Brabant et Tournai en Hainaut comptaient aussi des « tapissiers » à la fin du XIVe siècle, mais leurs produits ne sont pas faciles à identifier à partir des mentions laconiques des textes : sans doute ne s'agissait-il le plus souvent que de petites pièces d'ameublement au décor sommaire.

A Paris aussi, des ateliers élaboraient des tapisseries en utilisant du « fil délyé » ou du « gros fil » : une telle terminologie signale de manière suggestive la différence de qualité qui existait alors avec les tapisseries de « fin fil d'Arras » que vendaient, dans le même temps, quelques grands marchands dans la capitale.

Il faut donc admettre que ce fut en Artois que l'on organisa d'abord une production intensive de tapisseries historiées : celles-ci, par leur remarquable qualité, jouèrent un rôle de modèle et symbolisèrent vite, à elles seules, toute la production de la région. Il est significatif de relever à ce propos qu'en Italie, on désigna pendant toute la fin du Moyen Âge les tapisseries sous le terme d'« arazzi », tandis qu'en Espagne on parlait de « panos de ras ».

Lorsque Philippe le Hardi, duc de Bourgogne, hérita de l'Artois — et d'autres riches territoires de l'industrie textile comme la Flandre — à la mort de son beau-père Louis de Maele en 1384, c'est d'abord à Arras qu'il encouragea de manière décisive une activité alors en plein essor : on le voit se livrer aussitôt à une suite ininterrompue d'achats considérables.

Mais il faut noter aussi que le même prince se procurait beaucoup de pièces auprès de marchands parisiens, qui profitaient aussi largement de la riche clientèle offerte par la cour de France, au moins jusqu'au règne de Charles VI. Il est probable que les grands négociants de la capitale du royaume de France ont également souvent servi de relais de la production arrageoise.

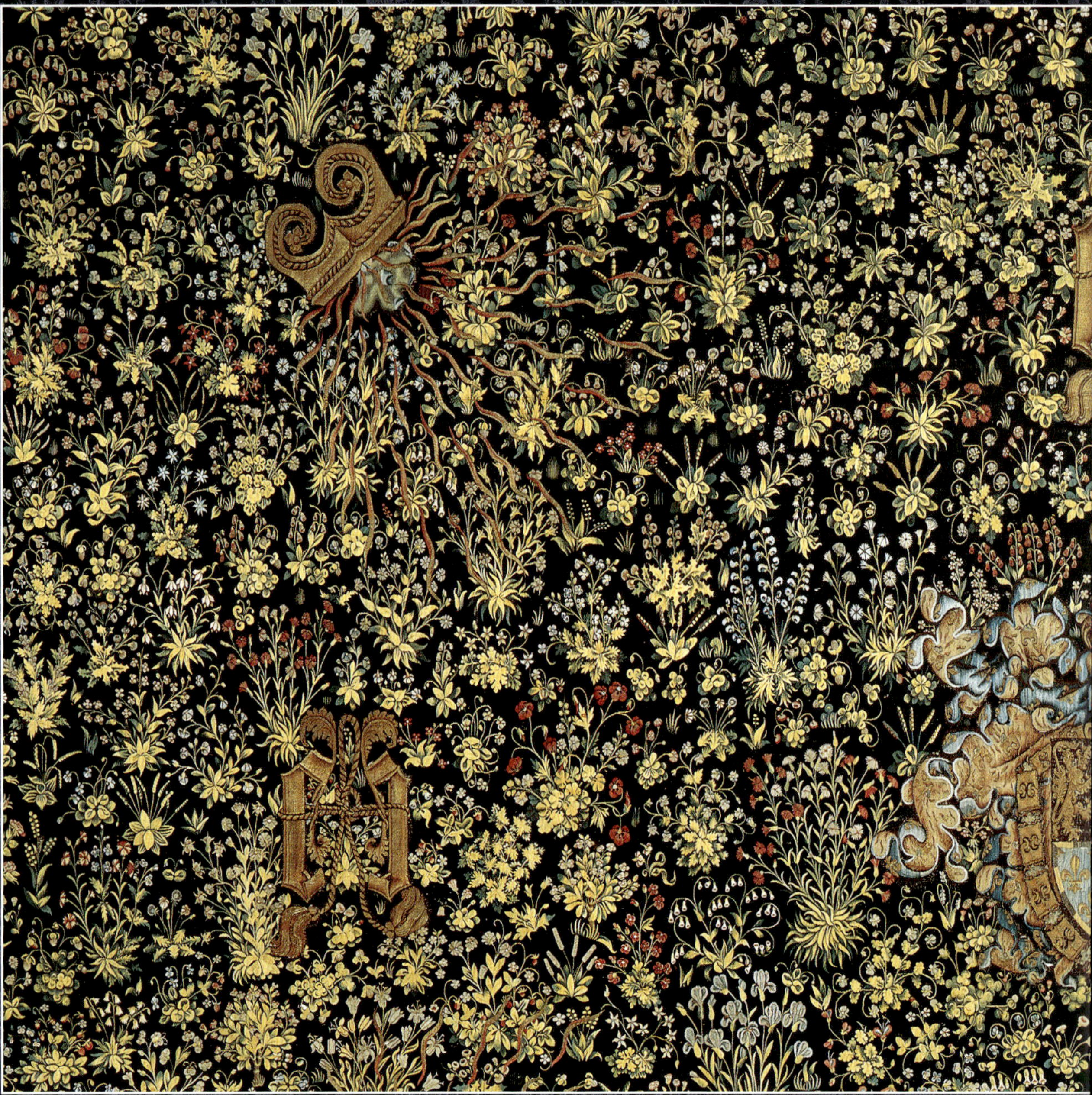

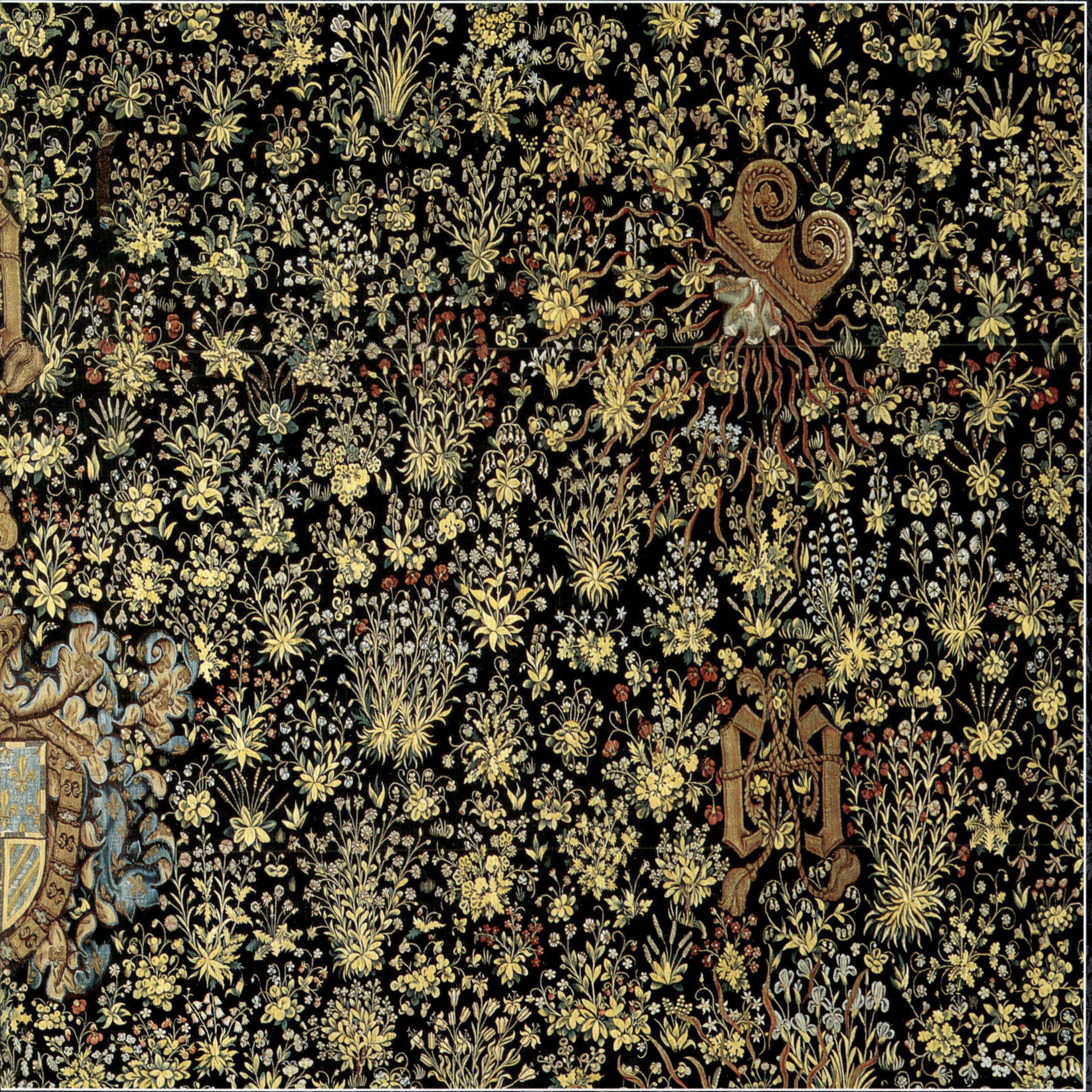

Fig. 20 : *Verdure aux armes de* Philippe le Bon, *avant 1466.*

Berne, Historisches Museum.

Et c'est bien à Paris que fut réalisée la célèbre tenture de l'*Apocalypse* d'Angers (fig. 19) ; un texte nous apprend en effet qu'elle fut tissée dans un atelier dirigé par un certain Robert Poinçon, un personnage mal connu et auquel les documents font évidemment moins souvent allusion qu'aux puissants marchands parisiens Jacques Dourdin, Pierre de Beaumetz, et surtout Nicolas Bataille. C'est d'ailleurs ce dernier qui servit d'intermédiaire, pour l'*Apocalypse* d'Angers, entre l'atelier de tissage de Robert Poinçon et le commanditaire, Louis d'Anjou.

La multiplication des centres de production et de commerce au XVe siècle

Très rapidement, pour répondre à une demande accrue et plus diversifiée, se multiplièrent les ateliers et les lieux de production, tandis qu'un commerce d'envergure internationale se mettait en place. Les grands centres que furent alors Arras, Tournai, mais aussi Bruxelles, Bruges et Lille s'illustrèrent dans des échanges incessants.

Il faut imaginer un pays tout entier engagé dans la fabrication des tapisseries, de la France du Nord aux Pays-Bas du Sud, fabrication orchestrée par de puissants marchands, eux-mêmes amenés à se fournir dans les ateliers de leur propre ville, mais aussi auprès d'autres centres. Ils s'organisèrent pour proposer des produits à une clientèle souvent lointaine, à l'aide de leurs filiales.

Ainsi Pierre de Los, puissant bourgeois de Lille, pouvait-il négocier, grâce à sa succursale de Bruges, des ventes importantes en Italie. Et Jean Walois, l'un des plus actifs marchands arrageois, convoyait en 1430 des tapisseries à Lille, à Bruges et à Bruxelles. On connaît surtout la réussite commerciale d'un Pasquier Grenier, marchand tournaisien qui possédait un entrepôt à Bruges et travaillait avec des revendeurs installés au Puy, à Lyon et à Reims. Un prince comme le roi René trouvait ses fournisseurs à Lyon et en Provence.

Il est par ailleurs vraisemblable que la banque des Médicis assumait ou facilitait un nombre important de transactions dans le sud de la France, où sa succursale d'Avignon, chaînon d'un réseau international couvrant la péninsule italienne, mais aussi la Suisse ou l'Angleterre, permettait de diffuser des tentures de tapisseries transitant par les entrepôts de Bruges.

La théorie fantaisiste des « ateliers ambulants »

Une meilleure connaissance de cette puissante organisation commerciale a permis de mettre fin à une théorie fantaisiste : celle-ci tentait de rendre compte de la diffusion exemplaire des tapisseries en France, diffusion qui répondait à une clientèle avide de cette industrie de luxe ; parmi elles, comptaient de fameuses « tentures à fleurettes », comme la *Dame à la Licorne* ou la *Vie seigneuriale* du Musée national du Moyen Âge, à Paris.

Plusieurs de ces tapisseries affichant les marques de propriété de commanditaires français, est née la théorie élaborée à la fin du siècle dernier par Jules Guiffrey des « ateliers ambulants » situés sur « les bords de la Loire », car en effet beaucoup de tentures furent retrouvées dans des châteaux de la région.

Par cette notion d'« ateliers ambulants », on tentait d'expliquer qu'ils n'avaient pas laissé de trace dans les documents d'archives. C'était, en se fondant sur une réalité, la formidable faveur rencontrée par ce genre de suites de tapisseries auprès de la noblesse et du clergé français, en créer de toutes pièces une autre, celle d'une production ne reposant cependant sur aucune infrastructure attestée. Une meilleure connaissance de la production de la tapisserie médiévale et de son prolongement commercial, dont on connaît bien aujourd'hui l'envergure et la complexité, a conduit à abandonner cette interprétation. Et l'on ne peut oublier que la spectaculaire *Verdure aux armes de Philippe le Bon* (fig. 20), seule tapisserie préservée d'une suite de huit pièces enrichies de fils d'or et d'argent, fut livrée en 1466 par un tapissier demeurant à Bruxelles, Jehan le Haze…

Les initiatives des marchands dans le domaine de la création artistique

Le rôle joué par les marchands était donc fondamental et dépassait, on le devine, les stricts aspects économiques. Les négociants, en effet, ne pouvaient se comporter en simples intermédiaires entre clientèle et production, mais ils en provoquaient et en assumaient tous les comportements. Parce qu'ils devaient satisfaire les commandes en un temps très bref, mais aussi prévenir la demande en proposant des stocks de tapisseries, ils jouèrent souvent à leur tour le rôle de véritables commanditaires : à la fois familiers des ateliers de tissage et sensibles aux goûts de leurs clients, ils devaient orienter le plus souvent la production par eux-mêmes.

Le rôle de la corporation

A tous les moments de la production, la corporation était présente et régentait jalousement la profession, surveillant la répartition des matières premières, de la main-d'œuvre, contrôlant les débouchés et enfin les profits.

Mais l'insistance avec laquelle les règles les plus strictes furent répétées dans les documents émanant des corporations montre à quel point leur respect devait faire souvent défaut. On peut supposer que, dans le domaine de la tapisserie comme dans d'autres — celui de la peinture en particulier —, bien des arrangements ou des astuces furent introduits dans la vie concrète des ateliers pour contourner les règles, faciliter leur activité et leur permettre de satisfaire la demande grandissante comme le besoin de rentabilité des entreprises.

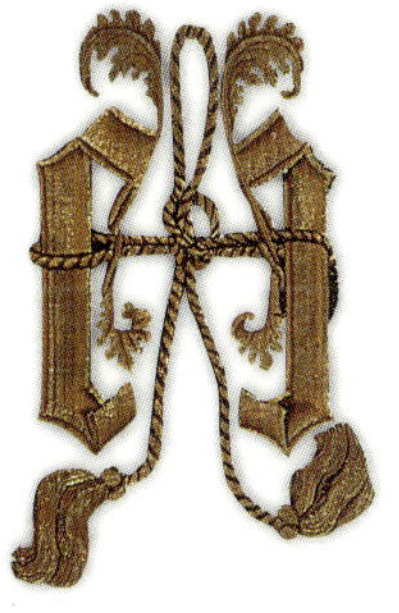

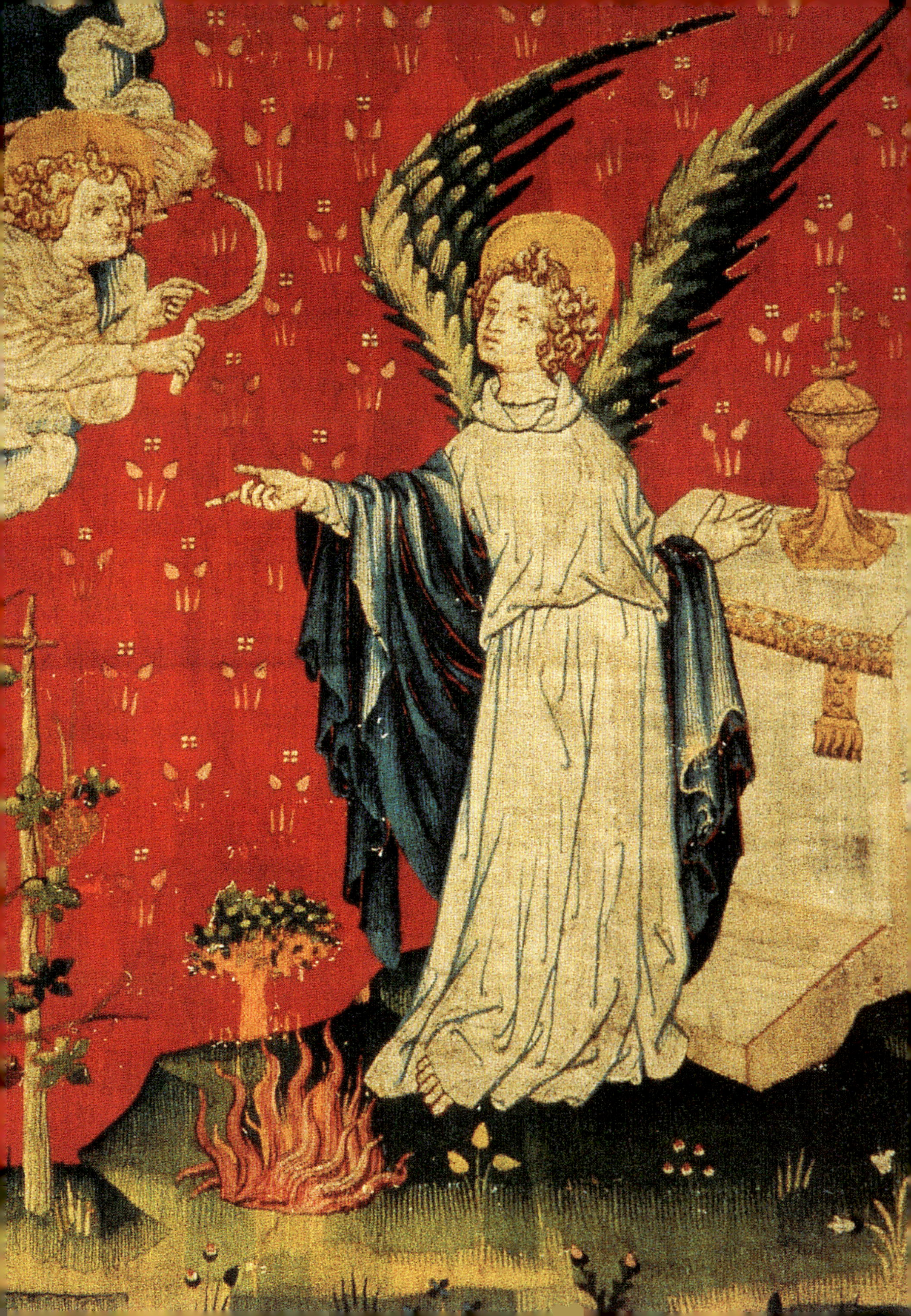

L'élaboration complexe des œuvres : les peintres et les lissiers

◄ *Fig. 19 : La vendange des réprouvés* (détail), voir page 26.

Aux côtés des entrepreneurs et marchands qui assurèrent la production et la diffusion des tapisseries, les hommes chargés de l'élaboration proprement dite des œuvres jouèrent bien sûr également un rôle essentiel. C'est un monde complexe que l'on rencontre ici, se livrant à une succession d'opérations différentes, dont la distinction est parfois délicate à opérer désormais, lorsque l'on examine les tapisseries.

Pour réaliser une pièce, il fallait en effet prévoir trois étapes successives ; d'abord la composition d'un modèle préparatoire, parfois rehaussé de quelques couleurs, puis la réalisation d'un modèle à la dimension de la tapisserie projetée — couramment dénommé le carton —, enfin, le tissage proprement dit. Seule, aujourd'hui, cette dernière étape est concrètement accessible aux regards et à l'analyse, tandis que les opérations préliminaires ne peuvent être que restituées. La complexité de ce processus d'élaboration se retrouve dans le domaine du vitrail, où la même difficulté d'interprétation de ce que furent modèles et cartons se rencontre.

Le tissage

Le monde des lissiers paraît beaucoup plus difficile à appréhender que celui des marchands, en raison de l'insuffisance des sources écrites à leur sujet. L'organisation du travail à cette époque nous est pourtant assez bien connue grâce aux documents normatifs, exposant les statuts des corporations, leurs droits comme leurs devoirs. Dans le domaine de la tapisserie comme ailleurs, les hommes étaient regroupés et inscrits dans une hiérarchie précise.

L'apprentissage

L'apprenti, après une période plus ou moins longue suivant les règlements des villes où ils se formaient, devenait compagnon : l'apprenti comme le compagnon travaillaient et vivaient à la charge d'un maître ; ce dernier avait parfois dû démontrer son savoir-faire dans le métier en réalisant un « chef-d'œuvre » mais, surtout, il s'était acquitté d'un important droit d'entrée au métier, prouvant par là qu'il disposait de moyens suffisants pour diriger une entreprise.

Les caractéristiques du tissage

Au cours de l'élaboration des œuvres, l'étape finale du tissage était évidemment décisive. Elle s'avérait directement tributaire du contexte économique qui était le sien : le tissage pouvait être plus lâche, plus rapide et moins cher, ou au contraire plus serré, donc plus long à réaliser et plus coûteux. Un tissage d'une extrême finesse comprenait d'ailleurs toujours l'utilisation de fils de soie et parfois de métal. Généralement, ces critères de qualité et de finesse ou encore leur absence, faciles à vérifier sur les pièces conservées, coïncident généralement avec la qualité des compositions qu'elles mettent en œuvre.

Les métiers de basse lisse et de haute lisse

La difficulté est d'identifier la nature même des métiers utilisés — basse ou haute lisse —, car il est impossible de définir cette nature au seul examen des tapisseries, le résultat obtenu lors du tissage étant identique. En effet, les deux techniques se montraient réellement proches, car seule la position du métier — horizontale dans le cas de la basse lisse, verticale dans celui de la haute lisse — changeait de l'une à l'autre.

Les lissiers travaillaient toujours sur l'envers de la tapisserie et se tenaient en outre tournés de 90° par rapport à la composition qu'ils reproduisaient : les pièces, en effet, généralement plus longues que hautes, étaient tissées dans le sens de la longueur. Les artisans, placés côte à côte, progressaient chacun sur une bande d'environ 1 mètre de large. On a ainsi pu calculer que, pour une pièce courante, un ouvrier pouvait réaliser en un mois 1 mètre carré ; mais il n'exécutait seulement qu'un demi-mètre carré lorsqu'il travaillait à une tapisserie comportant des fils de métal, plus longs à mettre en œuvre.

La rapidité avec laquelle furent achevées des tentures de proportions imposantes ne peut alors s'expliquer que par l'importance numérique de la main-d'œuvre que l'on sollicitait. Par exemple, la tenture de l'*Histoire de Gédéon*, malheureusement perdue, fut livrée à Philippe le Bon en moins de cinq ans, alors qu'elle se composait de deux pièces de près de 16 mètres de long sur environ 6 mètres de haut, et six autres pièces de près de 12 mètres de long sur la même hauteur : on peut supposer qu'une vingtaine de lissiers environ était engagée dans son tissage, et qu'ils étaient ainsi répartis sur quatre métiers.

La liberté des lissiers

Si la technique de tissage sur métier de basse lisse et sur métier de haute lisse était fondamentalement la même, seul le second dispositif laissait au lissier une part d'interprétation importante, dans la mesure où celui-ci pouvait suivre les indications du modèle à grandeur placé à côté de lui et les reporter lui-même sur ses fils de chaîne.

L'artisan de basse lisse travaillait quant à lui sur un métier horizontal : le modèle était alors placé, beaucoup plus commodément, sous la chaîne, c'est-à-dire immédiatement sous le travail en cours de réalisation. Mais comme il se consacrait à l'exécution de quelques centimètres carrés, il perdait toute perception de l'ensemble du modèle dissimulé sous son métier : son seul recours résidait alors

Fig. 21 : *Le départ d'Hector*, ►
dessin préparatoire de la tenture de la Guerre de Troie, *troisième quart du XV*e *siècle.*
(Voir aussi fig. 35, page 54)
Paris, musée du Louvre, Cabinet des Arts graphiques. © RMN.

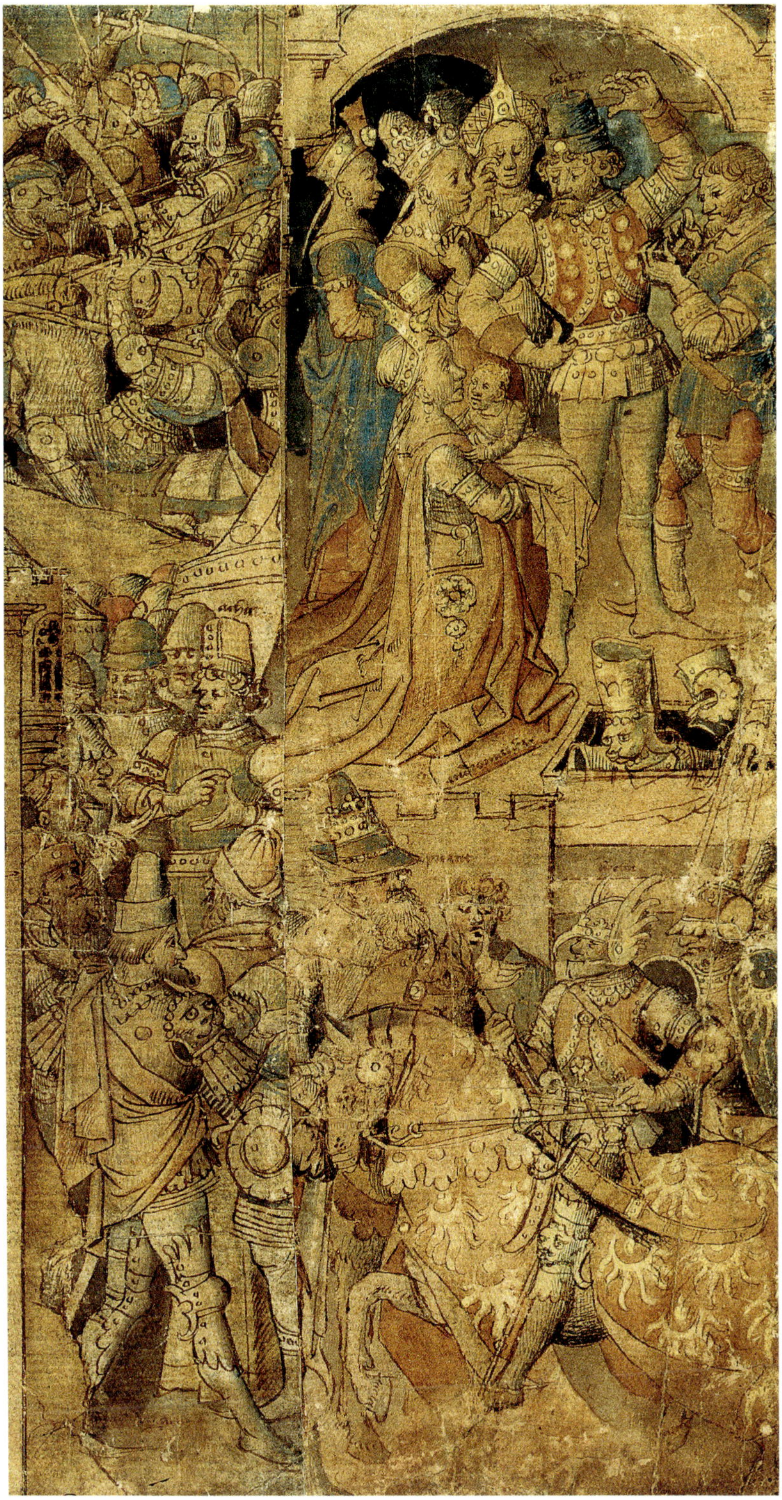

dans la consultation du dessin préparatoire. Le haute-lisseur pouvait, quant à lui, plus facilement contrôler la qualité de son travail en se plaçant derrière son métier. Chacun des deux procédés avait donc ses avantages.

La difficulté d'interprétation des textes d'archives

Si l'on se réfère aux textes relatifs à cette question, on constate que l'on n'employait, au Moyen Âge, que le terme de « haute lisse », et l'on en a souvent conclu que le métier vertical seul était alors utilisé. Cependant, cette interprétation rend assez mal compte de ce que l'on sait par ailleurs de la productivité des ateliers de l'époque. Car le métier de haute lisse, s'il laissait, comme on l'a vu, une part plus grande d'interprétation à l'artisan, ne lui permettait pas de réaliser un travail aussi rapide et précis que le métier de basse lisse. Il est donc difficile d'imaginer qu'il ait eu la préséance dans un contexte où l'économie et le rendement étaient primordiaux et certainement plus décisifs que le souhait de voir l'artisan exprimer sa créativité.

L'élaboration des modèles

Les sources écrites et quelques rares documents graphiques peuvent nous aider à comprendre l'importance des phases préalables au tissage, essentielles pour la conception de l'œuvre et sa valeur artistique.

Les dessins préparatoires, ou « petits patrons »

Une précieuse série de dessins nous permet d'apprécier plus particulièrement aujourd'hui la réalité de l'acte premier de l'élaboration des tapisseries : conservée au musée du Louvre, elle s'avère précieuse par sa qualité formelle, mais plus encore parce qu'elle apporte un témoignage unique pour l'époque qui nous intéresse. Il s'agit des dessins préparatoires de la tenture de la *Guerre de Troie* (fig. 21), projets d'une tenture plusieurs fois rééditée et dont plusieurs pièces sont aujourd'hui heureusement préservées. Le style des dessins est assez cohérent et caractéristique pour permettre une attribution incontestable à un artiste original, le Maître de Coëtivy, que l'on identifie aujourd'hui comme le peintre Colin d'Amiens. Le contexte de l'activité de ce peintre désormais bien étudié permet de penser que l'initiative de la commande de cette série de modèles émanait d'un prince de la cour de France, et que sa réalisation fut entreprise dans ce milieu.

Les modèles à grandeur, ou « cartons »

L'étape suivante, celle de la réalisation des modèles à grandeur, peut être à son tour facilement restituée dans ce cas précis de la tenture de la *Guerre de Troie,* car il suffit de comparer les dessins préparatoires et le tissage final pour constater que les différences sont minimes : il s'agissait, lors de la mise à grandeur, de détailler simplement, voire de surcharger, l'ornementation du cadre architectural, des costumes et des armures, des motifs végétaux enfin. Il semble bien, dans ce cas particulier, que la précision et la force de style des dessins aient fortement limité la liberté d'interprétation laissée à l'étape d'agrandissement des modèles, puis ensuite à celle du tissage.

Des peintres-cartonniers spécialisés

L'étape de la mise à grandeur des modèles pouvait être réalisée par les mêmes artistes que les dessins initiaux, mais on connaît bien des cas où elle fut confiée à des artistes spécialisés dans ce domaine et proches des ateliers de tissage. Ces derniers semblent parfois avoir été mieux à même de satisfaire la clientèle, comme l'atteste ce texte datant de 1399 qui évoque le paiement par la reine Ysabeau de Bavière à son peintre Colart de Laon — réputé par ailleurs — « pour avoir fait... sur IIII grans pieces de toille, en maniere de grans tappiz, les patrons de faire tappicerie pour quatre chambres que la Royne avoit ordonnées estre faictes, lesquelles ont esté de nulle value parce qu'ils ne furent pas faiz a la plaisance de ladite dame, et a l'en marchande a ceulz qui doivent faire les chambres d'en faire les autres ».

La reconnaissance de cette spécialité permit d'ailleurs à un artiste arrageois du milieu du XVe siècle, Bauduin de Bailleul, d'être encore cité dans un texte allégorique du début du XVIe siècle dû au poète Jean Lemaire de Belges, parmi ceux qu'il considérait comme les grands peintres de son temps : il le fit ainsi figurer aux côtés de Jan Van Eyck, Rogier Van der Weyden, ou Jean Fouquet... Et cette reconnaissance corroborait ce que l'on sait de l'activité d'un artiste dont aucune œuvre n'est conservée, mais que l'on suit grâce à de nombreuses mentions d'archives.

C'était d'ailleurs déjà ce Bauduin de Bailleul que Philippe le Bon avait choisi pour élaborer les modèles de la tenture de l'*Histoire de Gédéon*, la plus

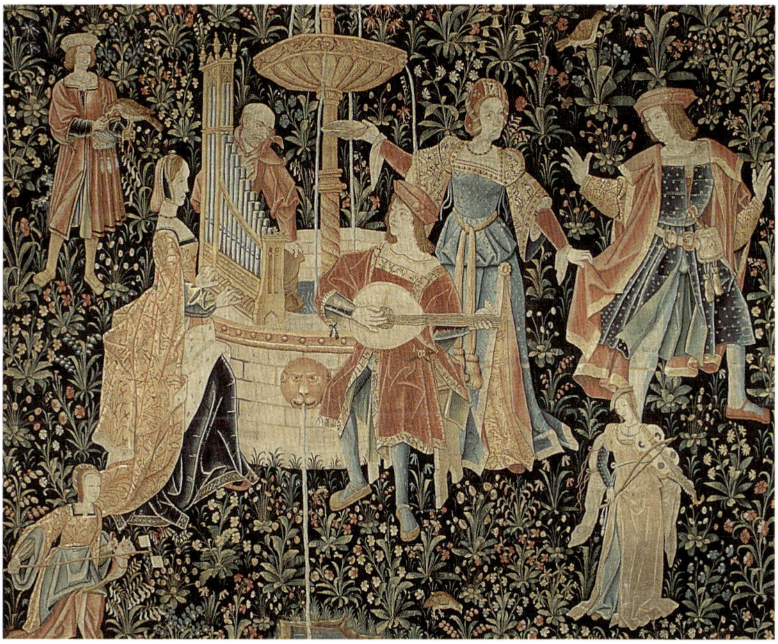

Fig. 22 : Le concert à la fontaine, début du XVIe siècle.
Paris, musée des Gobelins. Collection du Mobilier national, photo Philippe Sebert.

prestigieuse de toutes celles qu'il avait fait réaliser puisqu'il la destinait à servir de cadre aux réunions de l'ordre de la Toison d'or.

Si aucune œuvre documentée de ce peintre n'est plus conservée, d'autres tapisseries du tournant du XVe et du XVIe siècle nous révèlent l'art consommé atteint par certains de ces peintres-cartonniers, dont l'activité était complètement engagée dans la préparation des modèles : ainsi à Bruxelles, grand centre de production à cette époque, où travaillaient un Jan Van Roome ou un Léonard Knoest.

Le recours économique aux remplois de cartons

La nécessité de répondre à une forte demande a évidemment encouragé les marchands de tapisserie à faire préparer un grand nombre de pièces à l'avance : même les grands princes achetaient ainsi des tapisseries en les choisissant parmi les stocks disponibles, comme les comptes de Philippe le Hardi, particulièrement riches en détail, l'attestent bien dès la fin du XIVe siècle. Les marchands devaient alors organiser eux-mêmes l'élaboration des œuvres et l'on constate souvent qu'au lieu de recourir à des artistes originaux, ils réutilisaient un grand nombre de fois les mêmes modèles, ou des éléments de modèles.

Bien des tapisseries se distinguent en effet par le caractère hésitant de leur composition, dont il est clair que l'agencement est réalisé à l'aide de silhouettes toutes faites, sorties éventuellement d'un autre contexte et réutilisées soit telles qu'elles, soit avec quelques modifications dans le costume.

L'iconographie de ces pièces reste alors assez générique, ou comporte d'étranges et incompréhensibles rapprochements. Le *Concert à la fontaine* du musée des Gobelins (fig. 22) présente ainsi une aimable fête musicale. Mais on remarque vite que l'orgue portatif est curieusement installé, et de manière plutôt précaire, sur la margelle d'une fontaine, tandis que le luthiste paraît immense comparé à sa compagne jouant d'une viole à bras, quant à elle placée au bas de la pièce. Les trois musiciens sont entourés de divers personnages : un fauconnier, un fou, une jeune femme qui recueille l'eau de la fontaine en retenant un jeune homme en train de s'échapper, enfin, une fillette jouant avec un tourniquet. Autant de figures qui semblent avoir été empruntées à des contextes différents et regroupées çà et là pour créer une scène aux effets faciles.

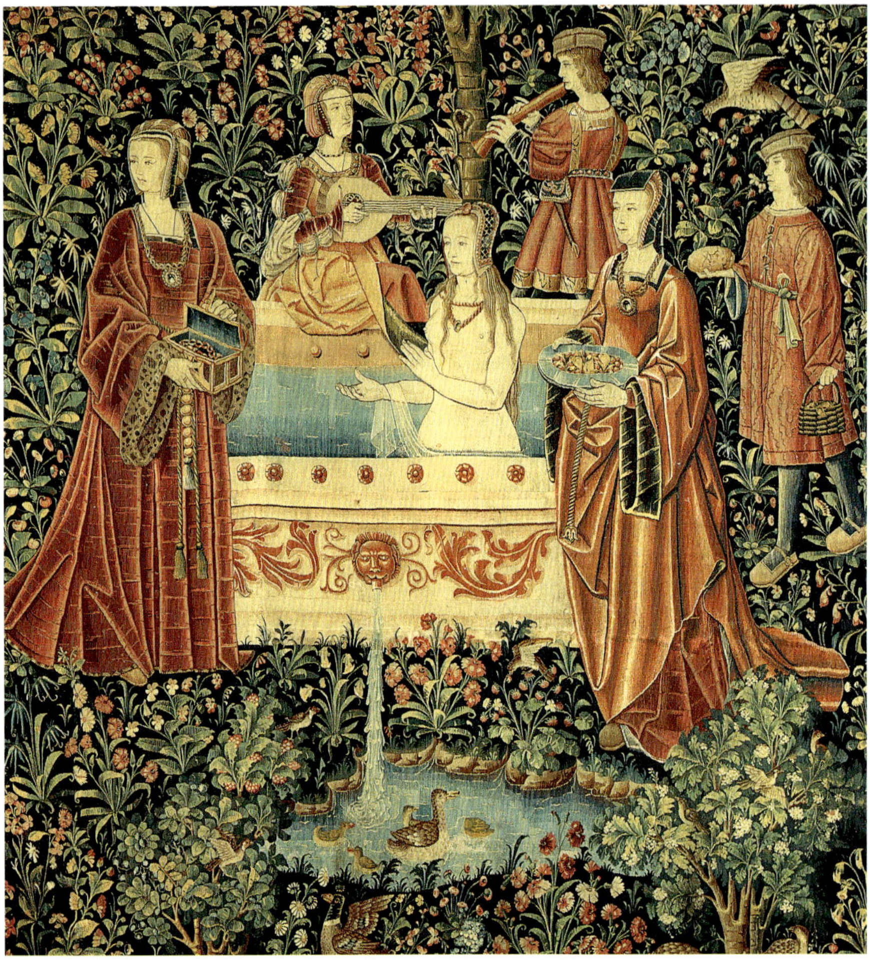

Fig. 23 : Le bain,
tenture de la Vie seigneuriale,
début du XVI*e* *siècle.*
Paris, Musée national du Moyen Âge, Cluny.
© Photo RMN, G. Blot/C. Jean.

Dans certains cas, il est d'ailleurs possible de vérifier en effet comment la même silhouette a été remployée d'une tapisserie à l'autre. La scène du *Bain* (fig. 23), dans la tenture de la *Vie seigneuriale* conservée au Musée national du Moyen Âge, montre une dame complètement nue, mais encore coiffée et parée d'un collier, qui se baigne dans une cuve richement ornée ; elle est accompagnée d'une luthiste, d'un flûtiste, d'une jeune femme portant un coffret à bijoux et d'une autre tenant un plat de fruits, et enfin, d'un jeune serviteur portant un objet difficile à identifier précisément.

Tous ces personnages assistent au bain de la dame dans une parfaite indifférence, n'échangeant aucun regard et paraissant figés dans des attitudes conventionnelles : ils ne sont l'objet d'aucun autre effort de composition que leur simple juxtaposition sur le fond de fleurettes.

On comprend parfaitement la manière selon laquelle ont été élaborés les modèles de telles tapisseries à l'aide de silhouettes indéfiniment réutilisables lorsqu'on découvre que la jeune fille au plat de fruits réapparaît avec une pose absolument identique et des variantes mineures de costume sur une autre pièce de la même suite, la *Promenade* (fig. 24), une pièce dont le sujet est à son tour bien vague.

De nombreux exemples illustrent ces pratiques de remploi de figures qui permettaient de recomposer à l'infini de telles « scènes galantes » ou « scènes de la vie seigneuriale », dont on a vu combien elles étaient appréciées, en particulier, par les commanditaires français.

La récupération de toutes sortes de modèles

En récupérant des modèles de sources les plus diverses et en s'aidant à l'occasion de gravures, en redessinant les costumes démodés, en les répétant et les dénaturant un peu plus à chaque fois, des artisans sans véritable qualification de peintres ont ainsi créé des modèles pour les lissiers.

Des gravures d'Albrecht Dürer furent ainsi utilisées pour préparer les cartons de la *Vie seigneuriale*, où un hallebardier possède en effet une

*Fig. 24 : **La promenade**, tenture de la* Vie seigneuriale, *début du XVIe siècle.*
Paris, Musée national du Moyen Âge, Cluny.
© Photo RMN, G. Blot/C. Jean.

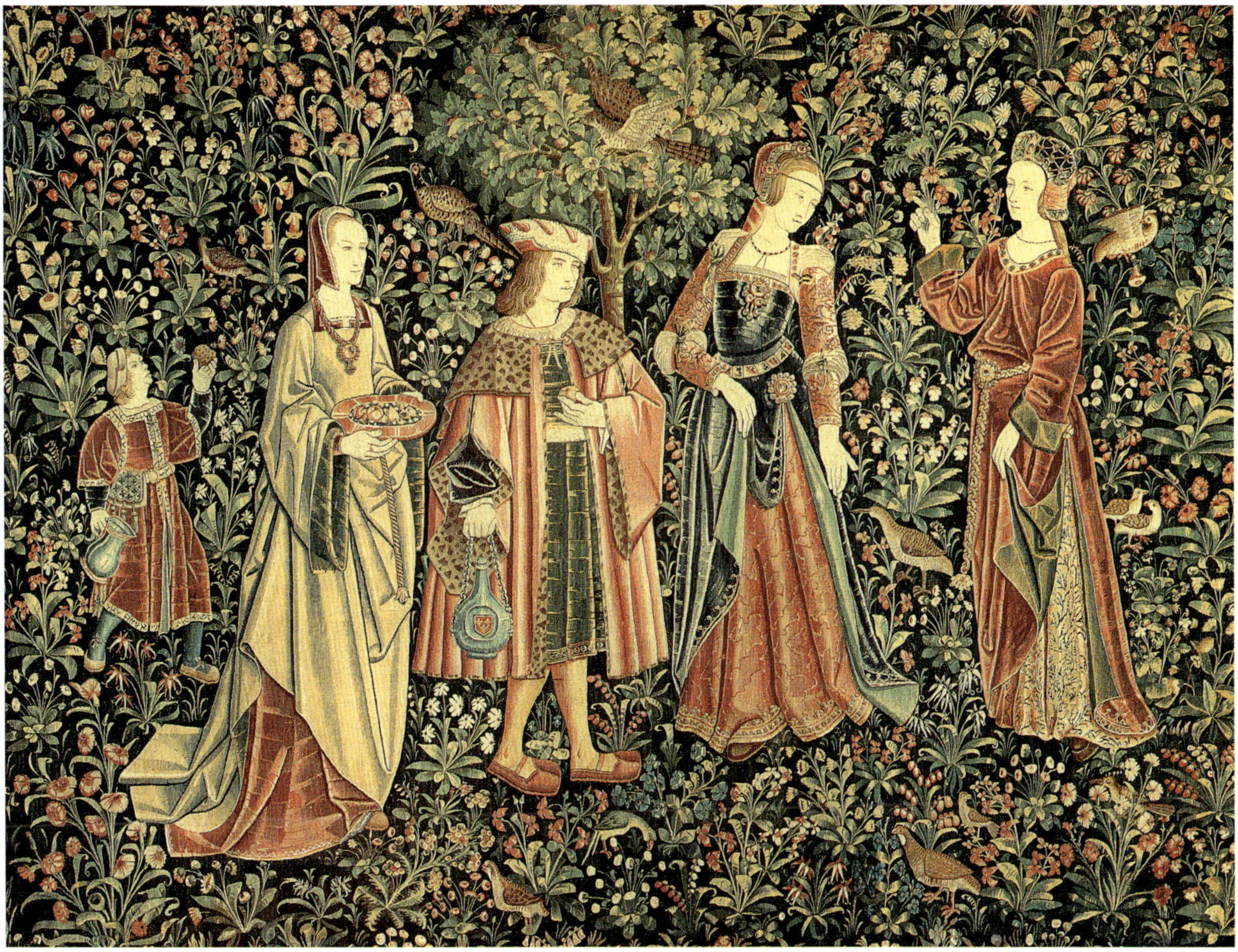

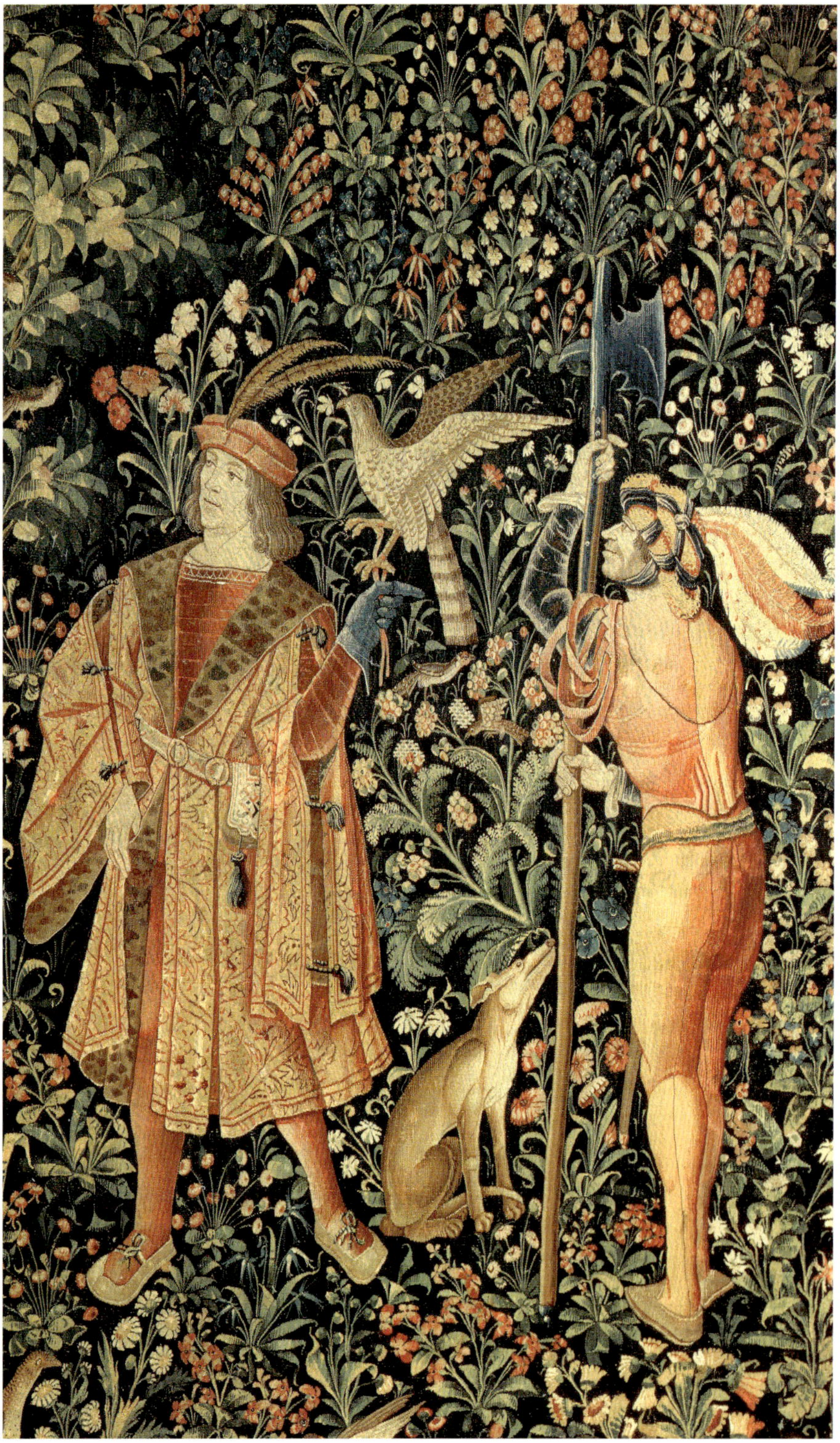

Fig. 25 : Le départ pour la chasse, *tenture de la* Vie seigneuriale, *début du* XVIe *siècle.*

Paris, Musée national du Moyen Âge, Cluny.

© Photo RMN, G. Blot/C. Jean.

Fig. 26 : Les six guerriers, gravure de Albrecht Dürer, vers 1495-1496.

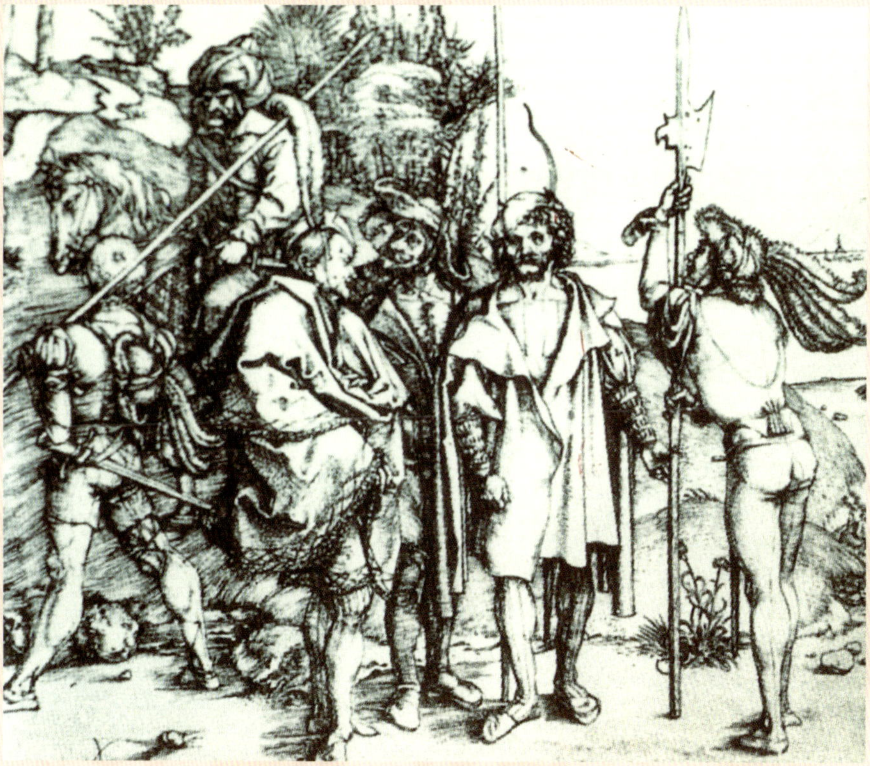

allure bien germanique (fig. 25 et 26) : la transposition du modèle est extrêmement fidèle et les détails du costume, de la coiffure, comme la gestuelle sont rigoureusement repris par le cartonnier de la tapisserie ; cependant, des rééditions de ce modèle, plusieurs fois affadies et dénaturées, se retrouvent dans des pièces de moindre qualité, conservées dans d'autres collections (New York, Metropolitan Museum of Art, ou encore Chicago, Art Institute).

C'est toujours à Dürer que furent empruntées les *figures orientales* d'une mille-fleurs du musée de Boston, auxquelles on a adjoint une figure de jeune garçon agrippé au manteau de sa mère, avec un certain naturel : pour l'élaboration de telles tapisseries, on recourait ainsi aux modèles les plus divers, les associant pour créer une œuvre nouvelle.

Les conflits entre les artisans de la tapisserie et les peintres

De telles pratiques ne pouvaient satisfaire les peintres qu'elles dépossédaient d'une partie non négligeable de leur activité. Ainsi en témoigne un conflit significatif opposant à Bruxelles, en 1476, la corporation des peintres et celle des tapissiers, conflit à l'issue duquel les artisans de la tapisserie n'eurent désormais plus que le seul droit de dessiner « des étoffes, des arbres, des animaux, des frondaisons, de l'herbe, etc., pour leurs verdures, c'est-à-dire pour les tapisseries

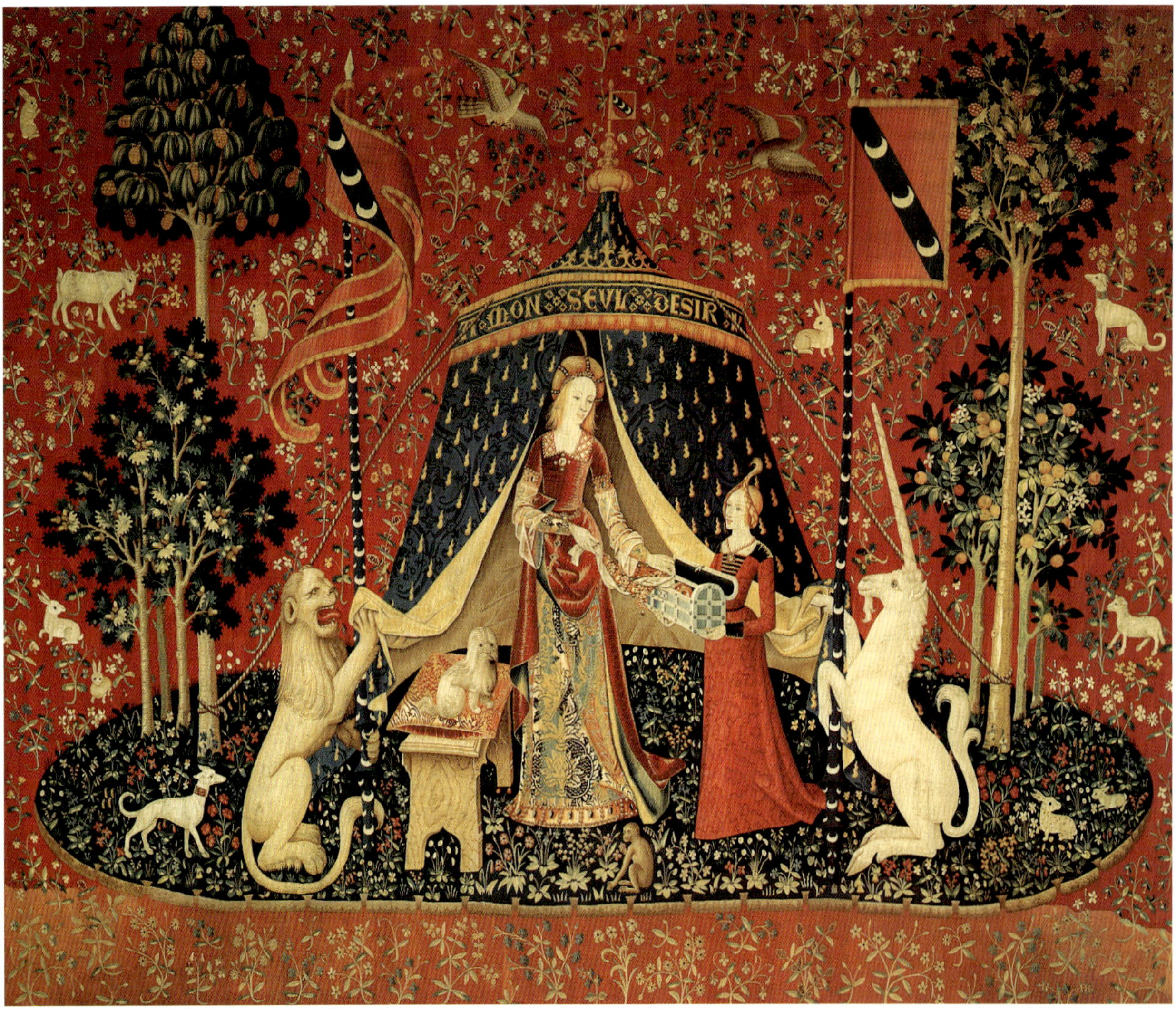

représentant des paysages, et de compléter ou corriger eux-mêmes leurs cartons au charbon, à la craie, à la plume… ». Les limites de la part d'intervention de ceux qui n'appartenaient pas au métier de peintre furent désormais bien définies : seuls la conception des fonds décoratifs et l'apport de compléments ou corrections des modèles à grandeur fournis par des peintres reconnus leur furent désormais autorisés.

Un monde dispersé

L'élaboration des tapisseries en trois étapes distinctes avait aussi permis que se généralise un phénomène que l'on a déjà pu constater avec l'étude de la tenture de la *Guerre de Troie*, celui de l'éloignement important qui pouvait exister entre le milieu de création des modèles premiers et celui de la réalisation du tissage proprement dit qui se concentrait sur les territoires de la France du Nord et des

◄ *Fig. 27 : A mon seul désir, tenture de la* Dame à la Licorne, *fin du XVe siècle.*

Paris, Musée national du Moyen Âge, Cluny.

© Photo RMN, R.-G. Ojeda.

Pays-Bas du Sud : pour la tenture qui nous intéresse, nous savons précisément qu'une suite, au moins, avait été tissée par l'intermédiaire de Pasquier Grenier, puissant négociant de Tournai comme il a déjà été dit. La Ville de Bruges lui passa en effet commande d'une tenture en 1472 pour en faire don au duc de Bourgogne, Charles le Téméraire. Les modèles, on s'en souvient, avaient été réalisés par un peintre de la cour de France pour un membre de la famille royale.

C'est la démonstration la plus claire de la circulation de modèles. Et l'on comprend en effet comment d'exigeants commanditaires pouvaient, grâce à l'extrême facilité de manipulation des dessins, imposer aux négociants de tapisseries les compositions qu'ils souhaitaient voir tisser, élaborées par l'artiste de leur choix. En contrepartie, les marchands accumulaient par ce moyen des modèles de qualité, dont ils pouvaient assurer une large diffusion, avec ou sans modifications.

C'est d'ailleurs pour éviter de tels remplois ou rééditions que l'on voit certains commanditaires se préoccuper de récupérer les patrons après le tissage : ainsi Philippe le Bon, qui tint à acquérir les modèles de l'*Histoire de Gédéon* après sa réalisation.

C'est sans doute une situation comparable d'éloignement entre le commanditaire et l'atelier de tissage qu'il faut restituer pour l'exécution de la célèbre tenture de la *Dame à la Licorne* (fig. 27), dont le commanditaire, Jean Le Viste, personnage influent de l'administration royale du règne de Charles VIII, avait confié à un artiste très apprécié à Paris la réalisation des modèles. Il est vraisemblable qu'un négociant bien implanté dans la capitale avait alors pris en charge les dessins et les fit réaliser ensuite dans des ateliers de tissage du Nord qu'aucun indice n'a permis, jusqu'à présent, de localiser précisément.

D'après les sources conservées, ce sont souvent les négociants qui s'occupèrent de faire réaliser par des peintres de leur entourage les modèles à grandeur : le cas bien documenté de la tapisserie — aujourd'hui perdue — de la *Vie de saint Symphorien*, commandée par un chanoine de la cathédrale de Reims, Simon de Roussy, à un « tapissier » tournaisien, Jean du Moulin, le montre assez. Le commanditaire avait fourni toutes les données relatives aux légendes et aux noms des différents personnages que devait comporter la tapisserie, avec un modèle sans doute destiné à fixer les grandes lignes de la composition. Ensuite, ce furent des peintres tournaisiens qui se virent engagés à les mettre à grandeur.

D'autres documents apportent encore des témoignages appréciables sur les circonstances de l'élaboration des tapisseries. La tenture de la *Vie de saint Anathoile de Salins*, en partie conservée aujourd'hui au musée du Louvre, fut l'objet de tractations soigneusement précisées par les textes. Le chapitre de Salins avait envoyé dès 1501 deux chanoines pour « aler en Flandre marchander la tapisserie qu'ilz entendent faire a faire pour ladicte eglise » ; l'année suivante, c'est avec un tapissier bruxellois qu'ils passèrent marché pour une tapisserie « selon le pourtray que luy a estez baillie et delivre en une fueille de pappier par lesdiz venerables ». Suivant une pratique courante, le « pourtray », c'est-à-dire le dessin initial,

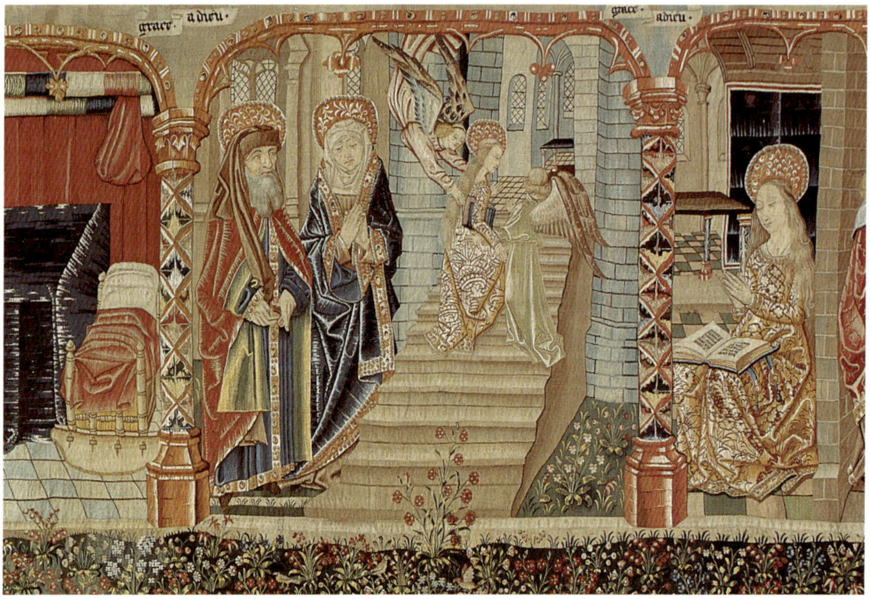

◄ ***Fig. 28 : La présentation de la Vierge au Temple,***
tenture de chœur de la collégiale Notre-Dame de Beaune, 1474-1500.
Photo Michel Rosso © (1992), Inventaire général-ADAGP.

avait été élaboré à Salins, puis expédié au tapissier brabançon. L'affaire ne s'est finalement pas conclue avec ce premier tapissier et les chanoines de Salins prirent cette fois la route de Bruges où ils s'entendirent avec un marchand génois, « Dimistre de la Coste », lequel servit d'intermédiaire auprès d'un atelier de tapisserie.

La comptabilité de l'entreprise est instructive : le prix de la toile utilisée pour servir aux modèles à grandeur, 39 livres, représentait un peu moins de la moitié de la somme délivrée à un peintre — peut-être brugeois — pour réaliser les modèles sur cette toile, mais le tissage de la tenture, qui comptait quatorze pièces de plus de 4,30 mètres de haut sur 3,50 mètres de large environ, s'élevait quant à lui à près de 1100 livres ! Ces chiffres permettent de relativiser la valeur du travail du peintre, par rapport au coût des matières premières, de la toile préparatoire, puis des fils du tissage, par rapport enfin aux heures de travail des lissiers.

Non seulement les modèles préparatoires voyageaient ainsi, mais il arrivait souvent aussi que les modèles à grandeur franchissent de grandes distances pour être tissés dans le Nord : de nombreux exemples sont attestés dans les sources relatives aux activités de la banque des Médicis à Bruges, qui montrent les commanditaires rester maîtres de l'élaboration des modèles en Italie avant de les confier aux ateliers de tissage installés dans le Nord.

Le cas est bien connu en France aussi avec l'exemple de la tenture de chœur de la collégiale Notre-Dame de Beaune (fig. 28) ; les modèles furent réalisés dès les années 1474-1475 par un peintre de Dijon, Pierre Spicre, à la demande du cardinal Jean Rolin et des chanoines de l'église. Modèles peints très soigneusement sur des pans de toile à la grandeur de la tapisserie envisagée, mais restés pendant vingt-cinq ans à Beaune, sans que le projet de tissage ne puisse se concrétiser en cette période particulière-

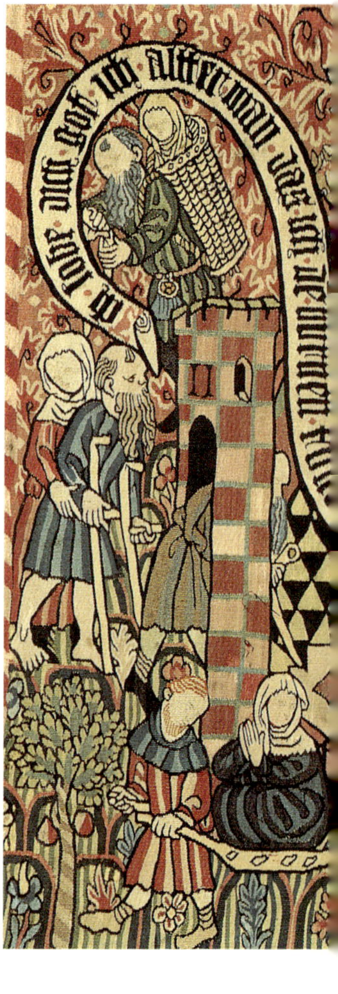

ment critique, aussi bien pour l'histoire religieuse locale que pour celle des relations entre la France et la Bourgogne.

Et ce n'est en effet qu'en 1500, dans un contexte plus serein, qu'un archidiacre de la collégiale, Hugues Le Coq, réussit enfin à parachever le vieux projet. Il n'existait pas d'atelier de tissage dans ces régions mais les patrons de toile voyagèrent vers le Nord sans difficulté, et la tenture de tapisserie offre aujourd'hui encore, dans le chœur de l'église, le témoignage de la manière du peintre bourguignon.

Tous ces témoignages relatifs à la mobilité des modèles comme la multiplicité des cas de figures rencontrés montrent combien l'attribution d'une œuvre à des ateliers — d'Arras, de Tournai, ou encore de Bruxelles — sans l'appui d'un document explicite relève de l'absurdité et de l'ignorance de la réalité historique. Seules l'enquête historique et l'analyse attentive des procédés selon lesquels une pièce semble élaborée et du style des modèles qu'elle reflète peuvent aider à situer l'origine d'une tapisserie dans un milieu artistique : elle ne nous dira jamais où elle fut tissée.

Fig. 29 : *La fontaine de Jouvence*, *Strasbourg, vers 1430-1440.*
Colmar, Musée d'Unterlinden.
Photo O. Zimmermann.

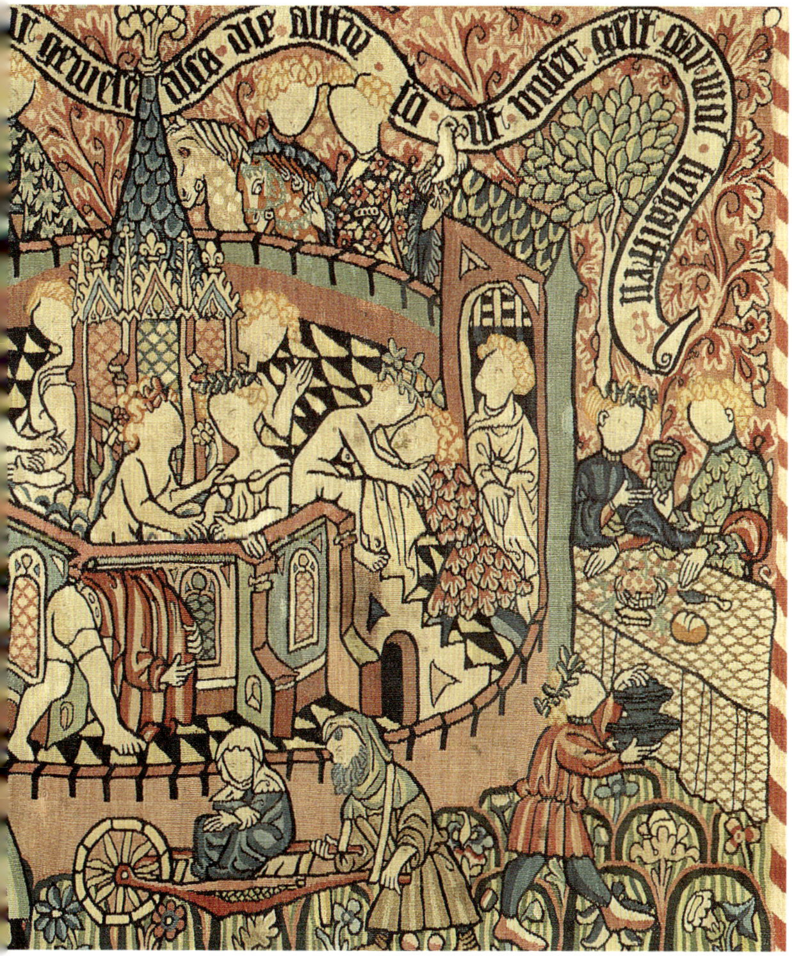

Le cas particulier des ateliers germaniques

Parallèlement à la production du nord de la France et des Pays-Bas du Sud, qui s'inscrit dans une logique structurée, quasiment industrielle, on trouvait dans les régions de langue germanique une production beaucoup plus artisanale, dont le caractère s'avère cette fois exclusivement local.

La fonction des pièces, les commanditaires et leur demande n'y étaient pas fondamentalement différents de ceux des autres régions d'Europe. Mais on s'attacha à y développer la production de petites pièces, rarement plus hautes que 1 mètre, pièces que l'on pouvait aisément tisser sur un métier individuel. Les modèles étaient généralement fournis par des peintres de la ville où elles étaient tissées et peuvent donc transmettre un reflet — souvent naïf — de l'art tel qu'il se pratiquait à Bâle, Strasbourg ou encore Nuremberg (fig. 29).

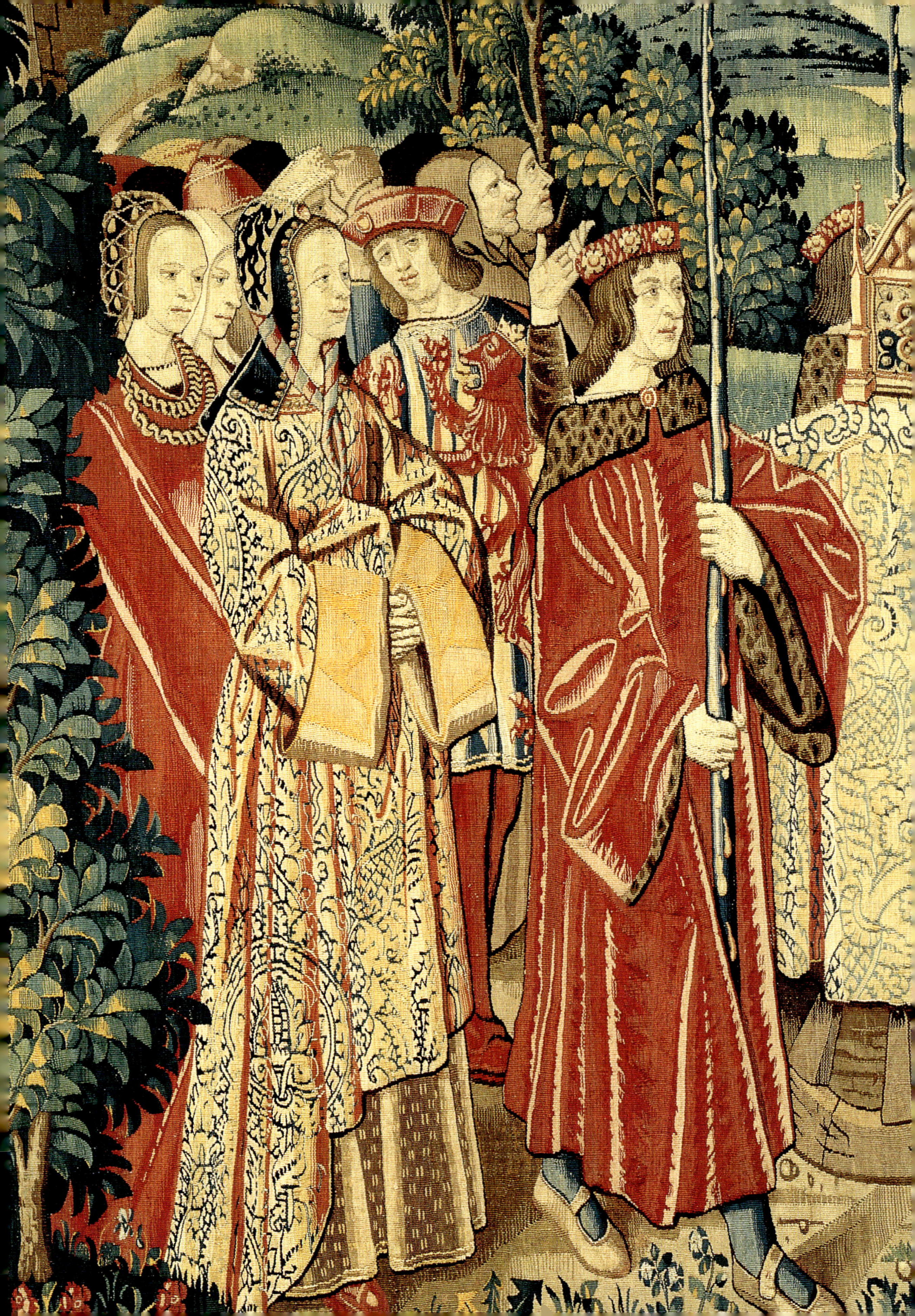

Les partis esthétiques

◄ *fig.31 : Les mules rétives (détail), voir page 49.*

Les conditions particulières d'une production dans un cadre commercial particulièrement dynamique et d'une élaboration en plusieurs étapes clairement distinctes engendrèrent un certain nombre de phénomènes bien caractéristiques, qui firent de l'art de la tapisserie un domaine particulier des arts de la couleur.

Il s'agissait d'un art fondamentalement ouvert à un public certes limité à la classe sociale des nantis, public cependant fort large quant à son rayonnement européen. En retour, l'implication des commanditaires fut très grande puisqu'il leur était possible de choisir l'auteur ou la nature des modèles de la tenture qu'ils projetaient d'acquérir. Aussi, même si l'implantation des ateliers de tissage n'a guère quitté, pendant le XVe siècle, les régions du nord de la France et les Pays-Bas du Sud, la tapisserie recouvrait-elle des choix esthétiques beaucoup plus variés, émanant de leurs commanditaires européens.

Le rôle joué par les peintres

La France, particulièrement gourmande de ces œuvres, a souvent engagé d'excellents peintres dans l'élaboration de modèles. Si l'on a aujourd'hui abandonné, comme on l'a déjà signalé, la théorie fantaisiste des « ateliers ambulants des bords de la Loire », l'intérêt plus grand porté par les historiens de l'art, depuis une vingtaine d'années, aux modèles utilisés lors du tissage, et donc à leurs auteurs, a en effet permis de découvrir certaines origines dans une étroite proximité des milieux des commanditaires eux-mêmes, parfois fort loin, comme on l'a vu, des régions où se trouvent les ateliers de tissage.

Dans ce domaine, les travaux les plus récents consacrés aux peintres français du XVe siècle ont été particulièrement fructueux, ainsi pour la *Chasse au faucon* de la tenture des *Chasses* du Devonshire vraisemblablement conçue par un peintre de la cour d'Anjou, peut-être le Maître de Barthelemy l'Anglais ; pour la célèbre tenture de la *Guerre de Troie* déjà évoquée ici, où l'on reconnaît des modèles de Colin d'Amiens ; ou encore pour les six tapisseries des *Triomphes* d'après Pétrarque conservées à Vienne (fig. 30), provenant des collections ducales de Lorraine, dont on a proposé d'attribuer à Georges Trubert, peintre de la cour de Lorraine, les modèles ou au moins leurs parties centrales.

De telles enquêtes prouvent combien les peintres d'alors, constamment appelés par leurs commanditaires à élaborer des modèles ou les œuvres elles-mêmes, dans des domaines aussi divers que la peinture murale, les vitraux, les livres ou la peinture de chevalet, en collaborant éventuellement avec des praticiens plus spécialisés, se montraient parfaitement à même de s'adapter à des techniques différentes.

En France, la perte des plus belles tentures

L'histoire de la tapisserie ne se confond cependant pas avec celle de la peinture murale, ou encore avec celle des manuscrits, car un langage propre à la destination de ces œuvres s'était progressivement imposé. Encore sommes-nous gênés aujourd'hui pour en retracer le panorama, tant les destructions furent massives dans ce domaine. En France, en effet, les tapisseries princières enrichies de fils de métal ont été brûlées pendant la Révolution dans l'intention d'en récupérer le précieux matériau.

La lecture des comptes ou des inventaires princiers est alors souvent le seul recours qui nous reste alors que toutes ces œuvres de prestige et de qualité ont disparu à jamais.

A côté d'un nombre finalement réduit de tentures miraculeusement préservées de la destruction, on pos-

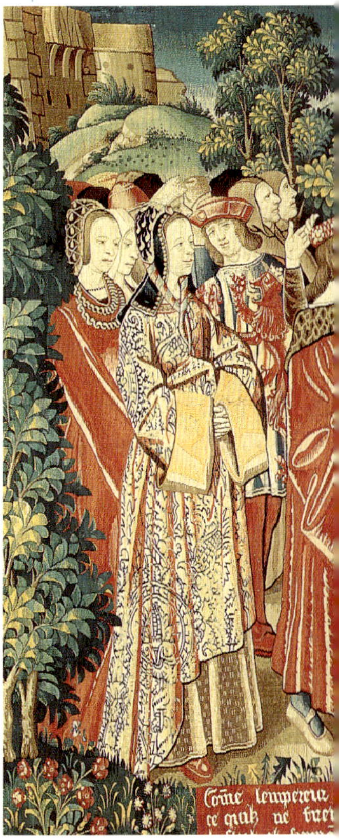

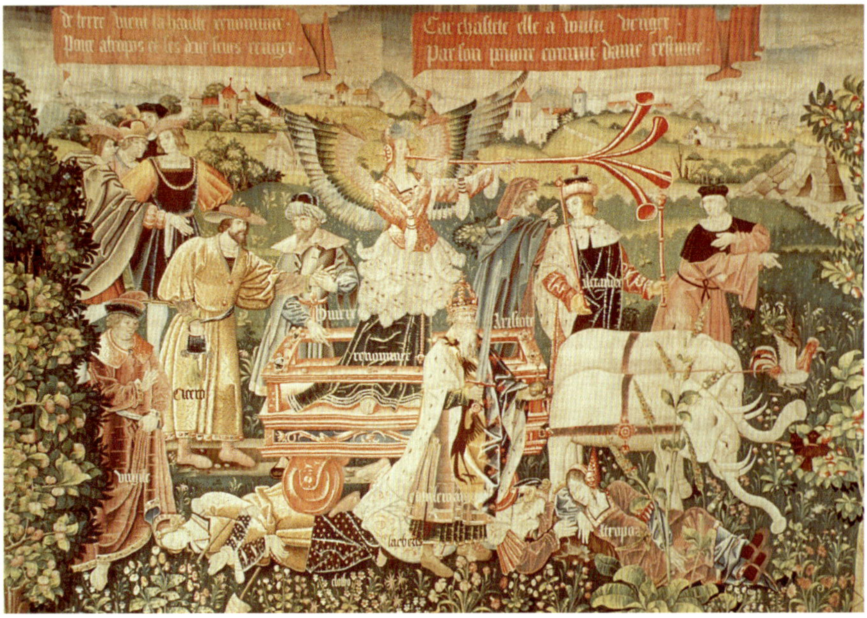

◄ ***Fig. 30 : Le triomphe de Renommée,***
tenture des Triomphes *d'après Pétrarque, début du* XVI*e siècle.*
Vienne, Kunsthistorisches Museum.

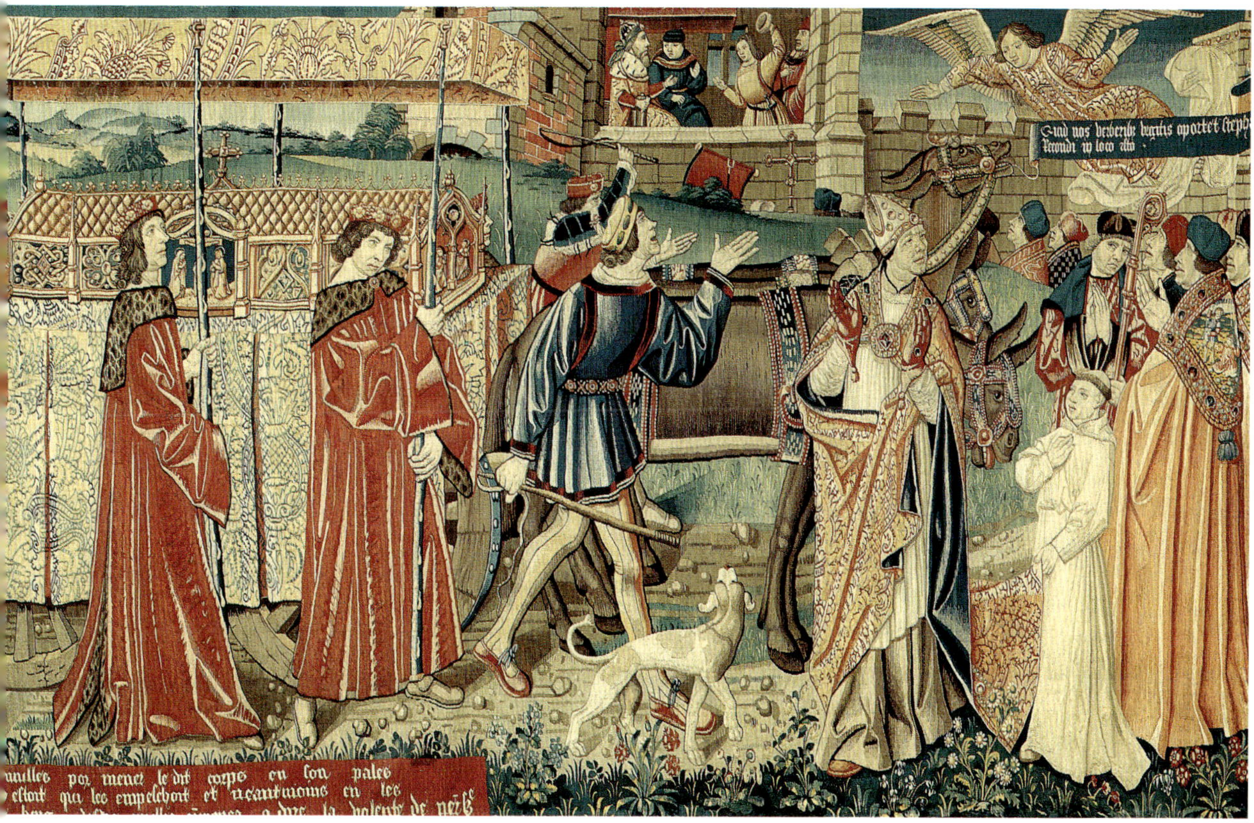

Fig. 31 : Les mules rétives, ▲ *tenture de chœur de la* Vie de saint Etienne, *cathédrale d'Auxerre, vers 1500-1505.*
Paris, Musée national du Moyen Âge, Cluny.
© Photo RMN, J.-G. Berizzi.

sède aujourd'hui une série importante de tentures de chœur (fig. 31) dont beaucoup se trouvent heureusement préservées dans leur lieu de destination originelle ; on connaît aussi une quantité assez élevée de tapisseries sur fond de mille-fleurs, souvent retrouvées, comme on l'a dit, dans des châteaux du Val de Loire : mais celles-ci se montrent d'inégale qualité, beaucoup d'entre elles apportant évidemment un témoignage de l'importante production de caractère commercial et possédant un intérêt moindre lorsque l'on cherche à dégager les grandes lignes de l'art de la tapisserie.

Des débuts prometteurs à la fin du XIVe siècle : la tenture de l'Apocalypse d'Angers

C'est cependant grâce à une tenture miraculeusement préservée que l'on peut aborder l'histoire de ce domaine : l'*Apocalypse* d'Angers (fig. 32 et 33), commande princière s'il en fut, dont le duc Louis d'Anjou se préoccupa peu après 1373.

Le prince, frère du roi Charles V, est surtout connu pour sa fabuleuse collection de joyaux et de pièces d'orfèvrerie. La lecture de ses inventaires montre qu'il fut sans doute

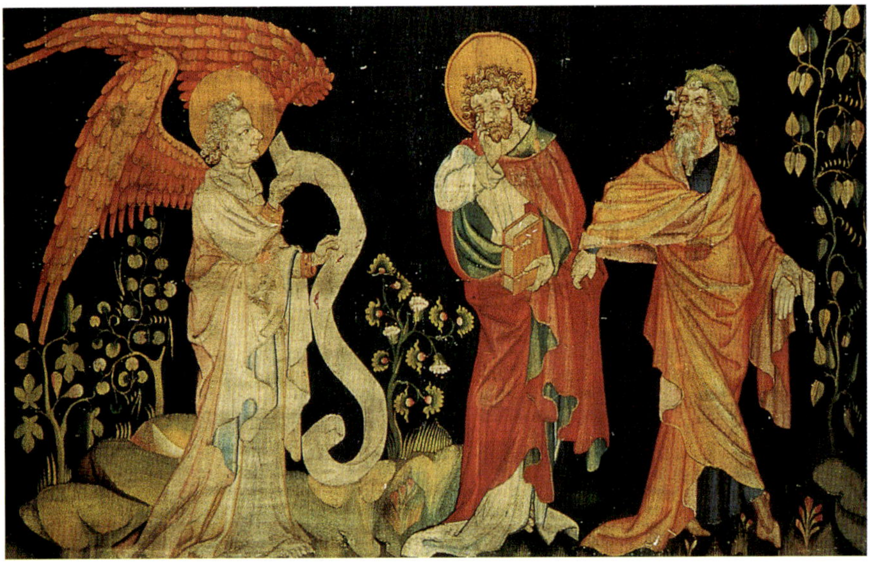

◀ **Fig. 32 : *Les larmes de saint Jean*,** *tenture de l'Apocalypse d'Angers (scène 6).*

Château d'Angers.

© Inventaire général/F. Lasa-ADAGP

aussi l'un des tout premiers collectionneurs de tapisseries historiées.

Ainsi comprend-on mieux le soin particulier qu'il mit à choisir le créateur des modèles de sa tenture, l'un des peintres du roi, Hennequin de Bruges, et qu'il se soit adressé au puissant entrepreneur, le marchand parisien Nicolas Bataille, pour le charger de l'organisation du tissage.

Le projet était ambitieux et prévoyait l'exécution de six pièces d'environ 25 mètres de long sur 6 mètres de haut ; et c'est grâce au legs que le roi René en a fait à la cathédrale d'Angers que fut autorisée sa partielle préservation. Aujourd'hui, plus des deux tiers de l'œuvre sont conservés dans une salle construite pour la présenter en en donnant une vision unique, au château d'Angers.

La conception des scènes paraît d'abord directement tributaire de la peinture : l'alternance des fonds bleus et rouges était courante dans l'enluminure, tandis que la mise en valeur de chaque scène au moyen d'un cadre renvoyait aux tableaux de chevalet.

On peut aussi y reconnaître une collaboration poussée entre Hennequin de Bruges et un peintre-enlumineur de la cour de France, collaboration qui a conduit à transformer un peu les compositions monumentales visibles au début de l'œuvre : les fonds se sont couverts de motifs décoratifs et un style plus menu et plus ornemental a progressivement dominé les dernières pièces de la tenture. Pourtant, l'œuvre restait de bout en bout soigneusement organisée et structurée, et ce de manière homogène, et le déroulement des scènes a suivi un ordre bien établi, lisible comme celui des pages d'un livre.

L'élaboration d'un langage propre à la tapisserie dès le premier quart du XVe siècle

C'est peu après, avec le tournant du siècle, que se sont affirmés des principes nouveaux auxquels l'art de la tapisserie restera désormais fidèle jusqu'à la fin du Moyen Âge, principes qui correspondent à la destination murale de ces œuvres de grandes dimensions, comme au goût de leurs commanditaires.

L'horreur du vide appelait l'évocation d'une nature luxuriante et le goût du présent demandait que l'on habillât les personnages d'atours magnifiques à la mode du jour. La priorité était donnée au pouvoir de narration et d'évocation de chaque scène, parfois de leur enchaînement, mais ce au détriment de toute recherche de composition structurée et immédiatement lisible ; enfin, un certain désintérêt se manifestait pour la construction d'une perspective d'ensemble, tandis que des groupes de soldats, un sol accidenté, un château dans le lointain apportaient pourtant des séquences spatiales ponctuelles.

Dès le premier quart du siècle, les œuvres furent ainsi toujours conçues de même façon. Un rideau d'arbres placé sous une mince bande de ciel limitait le haut des compositions, faisant écho à une étroite zone d'herbe plantée de fleurs et d'arbustes, dans le bas. Entre les deux, tout le champ de la tapisserie était occupé par la narration : accidents du paysage, imbrications architecturales permettaient de situer les scènes et d'assurer leur liaison, conférant une indéniable rythmique à ces immenses compositions.

Le récit se libérait de toutes règles, et n'était conduit que par la seule volonté expressive. Très vite, le fil conducteur se fit plus lâche encore, comme dans les *Chasses* du Devonshire (fig. 34), aujourd'hui au Victoria and Albert Museum de Londres. Il s'agissait d'évoquer des scènes simultanées, aussi la séparation des groupes de personnages était peu marquée, tandis que des jeux de regards assuraient — plus ou moins bien selon les pièces, d'inégale qualité — une certaine continuité.

Les dimensions impressionnantes de ces tapisseries (deux d'entre elles

Fig. 33 : Les myriades de cavaliers, ►
tenture de l'Apocalypse d'Angers (scène 26).
Château d'Angers.
© Inventaire général/F. Lasa-ADAGP

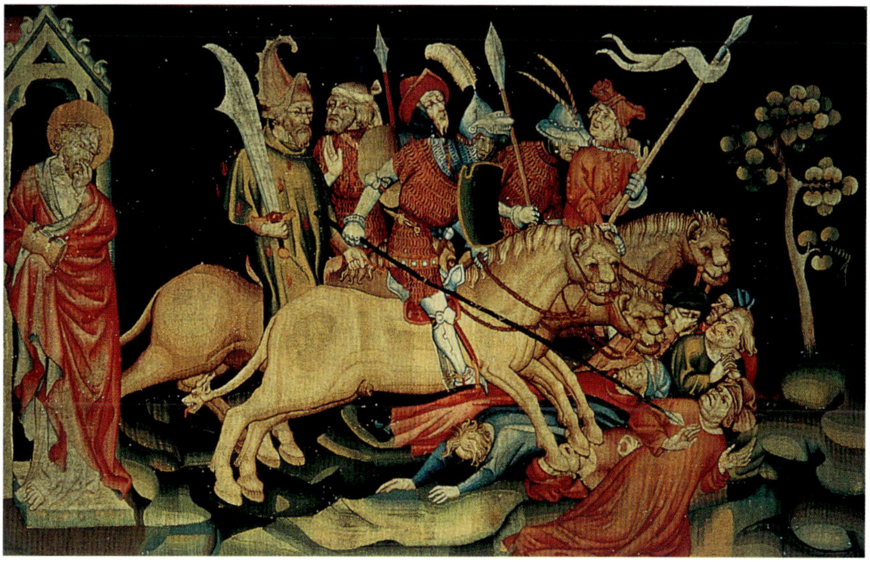

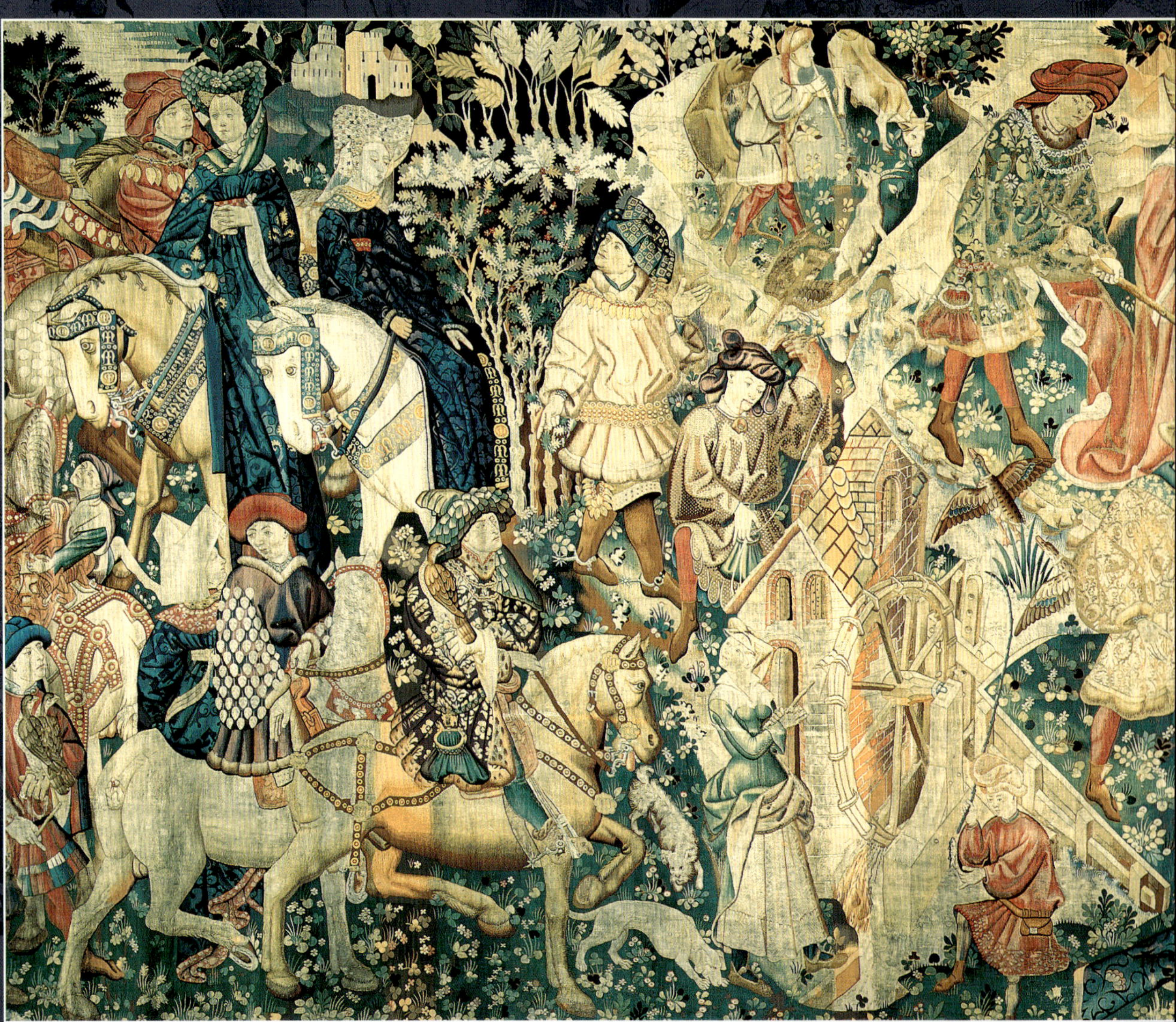

mesurent plus de 10 mètres de long) pouvaient justifier l'absence de rigueur de ces compositions, tandis que tout le soin était porté à l'évocation de chaque moment de la chasse. Il fallait par là émerveiller le spectateur en jouant sur l'exubérance de l'œuvre. En raison de son ampleur, chaque tapisserie était perçue plutôt que véritablement vue dans son ensemble, mais permettait la contemplation des détails innombrables : la vitalité et les expressions des animaux, l'élégance des gestes et la richesse des costumes créaient un univers irréel mais infiniment sensible.

Le succès rencontré par de tels « personnages a esbattement de chasse » est d'ailleurs bien attesté par les documents mentionnant, au cours des années 1416 à 1435, les nombreuses ventes de Jean Walois, un

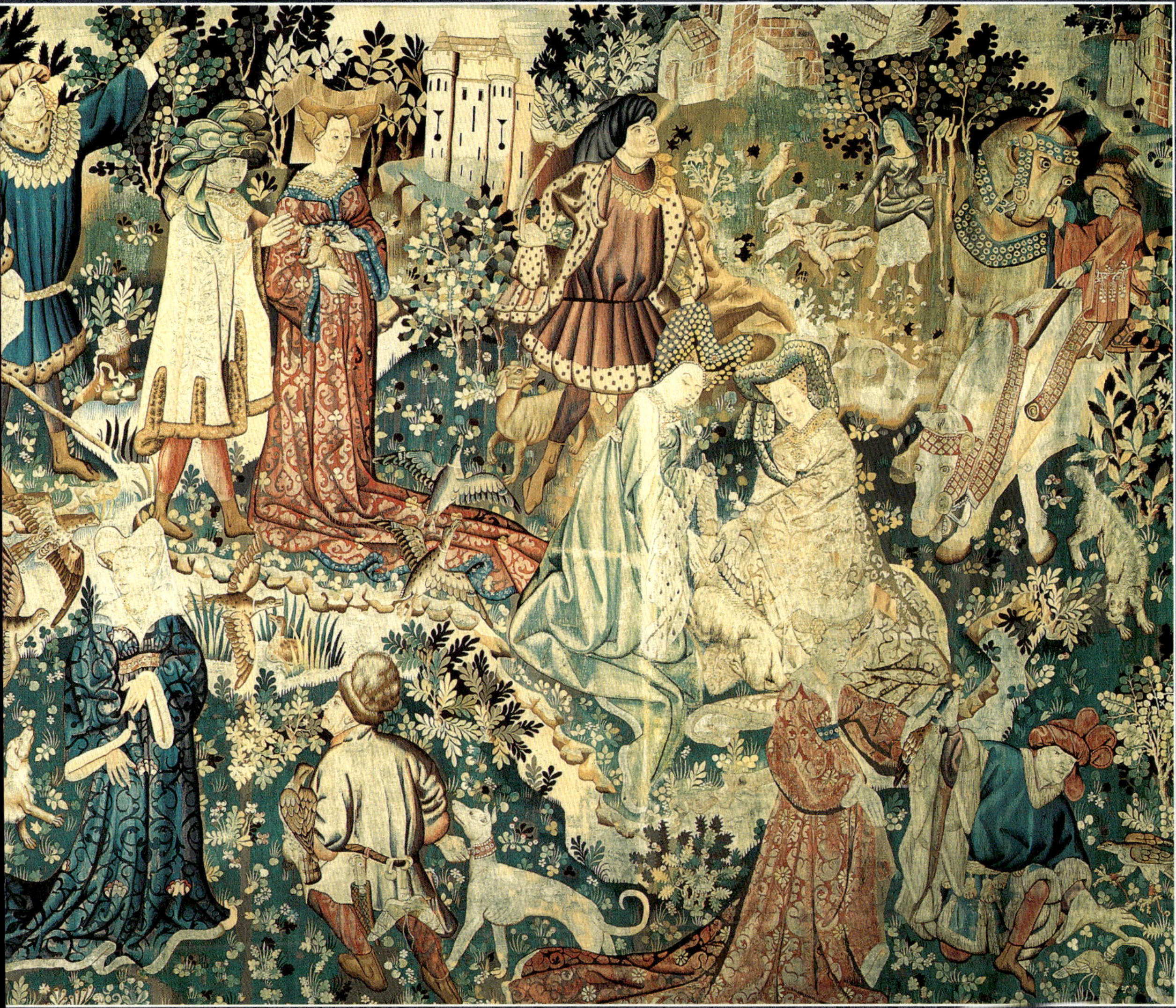

▲ ***Fig. 34 : Chasse au faucon,***
tenture des Chasses *du Devonshire, deuxième quart du* XV*e siècle.*
Londres, Victoria and Albert Museum.

puissant marchand arrageois qui semble s'être fait une spécialité dans la fourniture de telles tentures.

L'apogée du milieu du XV*e siècle*

Vers le milieu du siècle, les tendances relevées au cours des décennies précédentes semblent atteindre un apogée, qui touche parfois à une certaine exaspération des formes. Dans le cadre inchangé d'étroites bandes d'herbe fleurie en bas, de buissons sur les côtés, d'arbres et de ciel en haut, s'intégrait une narration extrêmement dense. De manière ponctuelle toujours, des éléments architecturaux aidaient à situer certaines actions, et l'on y découvre une plus habile utilisation des lois de la perspective, tandis que les personnages y prennent de l'ampleur.

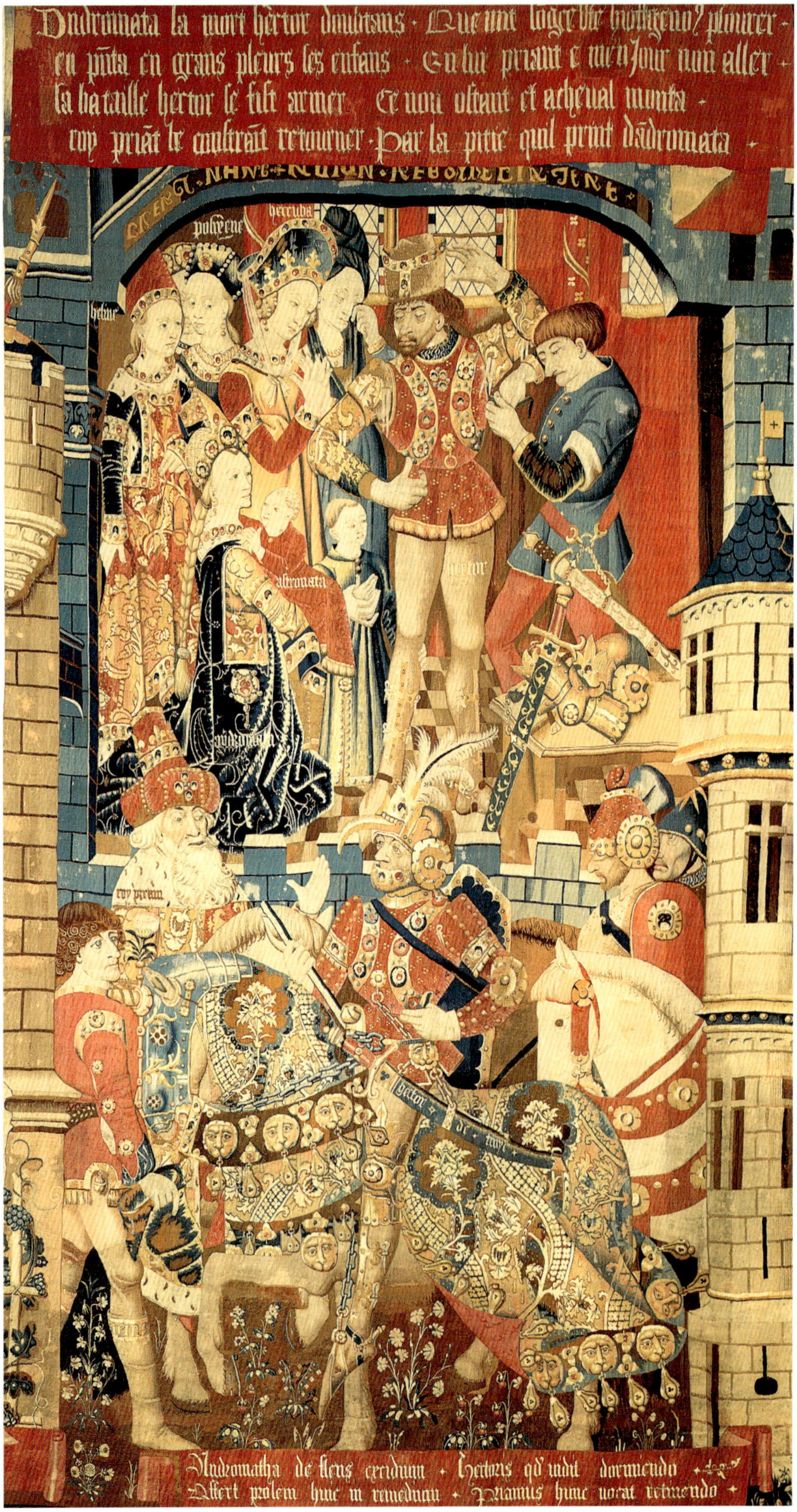

◄ *Fig. 35 : **Andromaque et Priam conjurant Hector de ne pas partir en guerre**, détail de la tenture de la* Guerre de Troie, *troisième quart du XVe siècle. (Voir aussi fig. 21, page 36).*

New York, The Metropolitan Museum of Art, The Cloisters Collection, Fletcher Fund, 1939.

Certains peintres ont excellé dans la réalisation de ce genre de modèles de tapisseries, comme Colin d'Amiens : déjà évoqué ici, à propos des dessins de la tenture de la *Guerre de Troie* (fig. 21 et 35), il a atteint en effet une perfection inégalée dans la narration, se montrant parfaitement à l'aise dans le rendu dynamique des actions, rythmant le tumulte de ses récits avec brio, donnant à ses personnages des types physiques bien caractérisés et parfois proches de la caricature, mais surtout doués d'une vitalité communicative.

L'artiste est bien connu par ailleurs car on lui attribue un panneau conservé au musée du Louvre, la *Résurrection de Lazare*, mais aussi plusieurs enluminures et les cartons des vitraux du chœur de l'église Saint-Séverin à Paris. Capable de s'adapter à tous ses supports, il semble cependant avoir été particulièrement à l'aise dans le domaine de la tapisserie.

Il pourrait bien s'agir d'un de ces artistes nordiques formés dès leur jeunesse à l'élaboration de modèles pour les ateliers de tissage, un artiste que son talent amena à poursuivre une brillante carrière à la cour de France, où son style s'est alors imprégné de l'art du peintre dominant, Jean Fouquet.

Le milieu du siècle fut aussi une période faste pour les tapisseries dont les modèles furent élaborés sur les lieux mêmes où étaient implantés les ateliers de tissage : à Tournai, par exemple, où de grands peintres comme Robert Campin, Jacques Daret ou Rogier Van der Weyden s'étaient illustrés, et où se trouvaient de puissants entrepreneurs de tapisserie, et donc d'excellents clients pour ces artistes et leurs émules.

Une tapisserie du musée de Berne, l'*Histoire de Trajan et Herkinbald*, nous offre ainsi le reflet de l'art du grand maître tournaisien, car elle fut tissée d'après quatre tableaux que Rogier Van der Weyden avait peints pour l'hôtel de ville de Bruxelles, puis détruits lors de l'incendie de celui-ci en 1695. On ne possède plus d'œuvre équivalant à ces grands tableaux de justice qui appartenaient à un art monumental et narratif assez différent de celui pratiqué dans les tableaux dévotionnels : aussi ne peut-on juger définitivement de la part que l'on doit au maître, mais la tapisserie de Berne montre avant tout des principes, tels que l'entassement des personnages et la surcharge décorative, qui appartiennent au langage artistique propre à cet art et qui ne se retrouve pas dans les tableaux conservés du peintre.

C'est aussi vraisemblablement de l'atelier de Jacques Daret que sont sortis les modèles de la tenture de la *Vie de saint Pierre*, léguée en 1462 par l'évêque de la cathédrale de Beauvais, Guillaume de Hellande (fig. 36, 37 et 38). Les types physionomiques un peu mous pratiques par ce peintre, ses drapés pesants et ornés d'énormes cabochons, sa gestuelle assez répétitive sont autant d'indices d'attributions. Mais on reconnaît ici encore la mise en page des scènes, le souci de narration propres à l'art de la tapisserie, ici adoptés par le peintre pour s'adapter au support particulier qui lui est soumis.

A la fin du XVe siècle, intensification de la production en série

Au cours du dernier quart du XVe siècle s'est annoncée une évolution sensible. Le succès remporté par les tapisseries encouragea alors fortement la production de série, un phénomène qui s'inscrit bien sûr dans le développement général du marché de l'art. C'est l'époque de pleine expansion des mille-fleurs, ces pièces composées de personnages appliqués sur un fond recouvert de fleurettes et d'animaux, suivant des schémas iconographiques et formels plus ou moins élaborés. Il s'agissait aussi bien d'œuvres religieuses que profanes, qui atteignirent un haut degré de séduction malgré l'économie évidente de leur élaboration. Elles remplissaient parfaitement leur rôle de décor mural couvrant, les motifs végétaux du fond mettant en valeur les figures empruntées à des sources diverses.

A la fin du XVe siècle aussi, les progrès du réalisme

Mais parallèlement, en cette fin du Moyen Âge, se multiplièrent les tapisseries développant un fond de paysage évocateur : les personnages évoluaient désormais dans un espace élargi, aéré, où ils s'intégraient logiquement. La démarche originale d'un peintre remplaçait là les procédés d'élaboration plus économiques des mille-fleurs. Les tentures de chœur, par leur petite hauteur, furent particulièrement indiquées pour recevoir des compositions tempérées, dont le déroulement était logique et les scènes plus construites.

Dès que l'on a affaire à des pièces de plus grandes dimensions, la spécificité de l'esprit médiéval y est toujours sensible, mais il s'enrichit d'options nouvelles qui finiront par le supplanter. Ainsi la *Chasse à la Licorne*, conservée au musée des Cloisters à New York (fig. 39), présente-t-elle en autant de tapisseries indépendantes différents épisodes

▼ ***Fig. 36 : Un ange réveille saint Pierre,*** *tenture de la* Vie de saint Pierre, *cathédrale de Beauvais, vers 1460.*

Photo P. Bérenger.

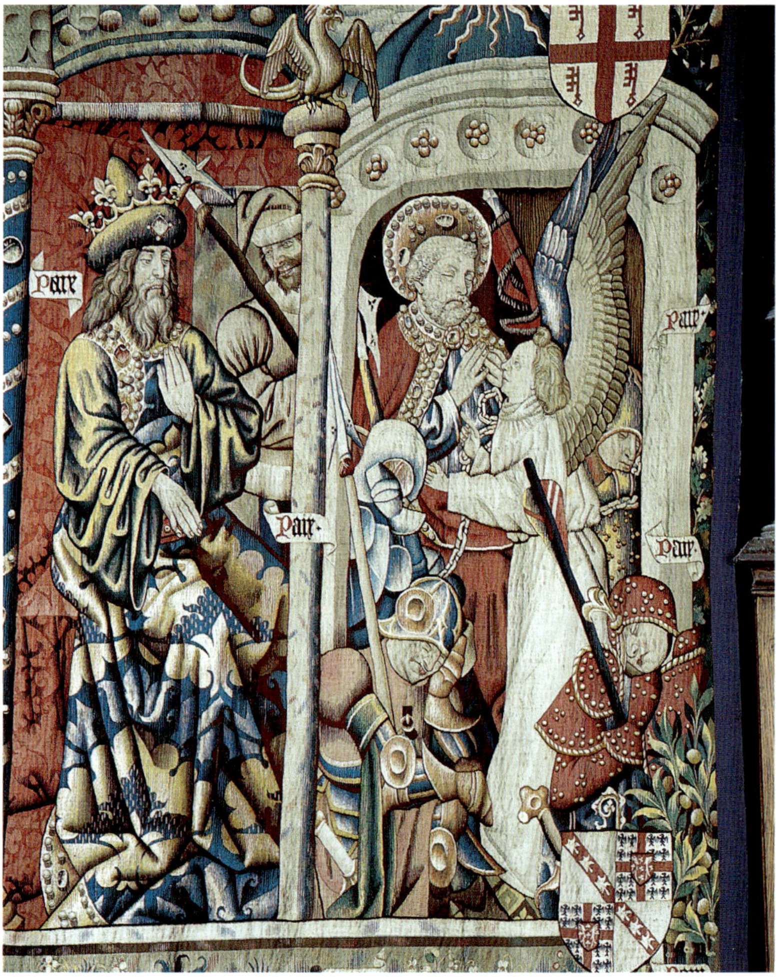

de la chasse, dont la connotation symbolique est d'ailleurs importante. Toutes les composantes rencontrées jusqu'alors s'y retrouvent — l'environnement végétal luxuriant, les animaux les plus familiers côtoyant les bêtes fauves, les personnages aux luxueux atours — mais la composition, tout en restant dense, n'a plus rien de lâche ni de touffu et apparaît désormais immédiatement lisible, l'accent étant mis sur le centre de chaque scène où converge l'action.

L'excellence et la précision du dessin s'avèrent en outre ici de qualité exceptionnelle, témoignant de l'intervention directe d'un excellent peintre et d'une technique de tissage particulièrement raffinée. Ainsi, une œuvre comme celle-ci témoigne-t-elle de l'attirance vers une nouvelle vision plus rigoureuse, tempérée, qui finira par éloigner définitivement l'art de la tapisserie des créations libres de toutes contraintes et souvent audacieuses, voire débridées, que nous a laissées le XVe siècle.

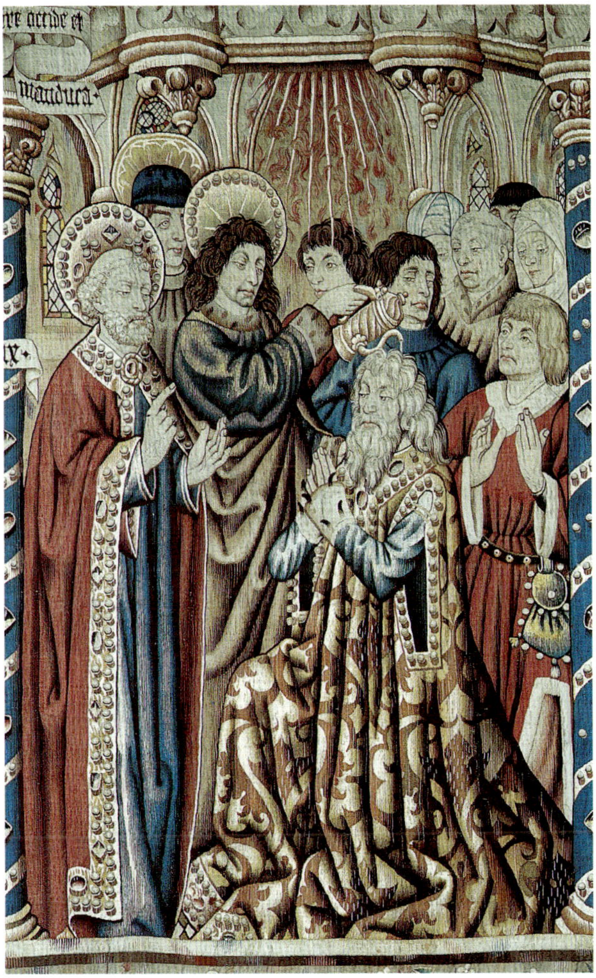

Fig. 37 : Baptême du centurion Corneille, *tenture de la* Vie de saint Pierre, *cathédrale de Beauvais, vers 1460.*
Photo P. Bérenger.

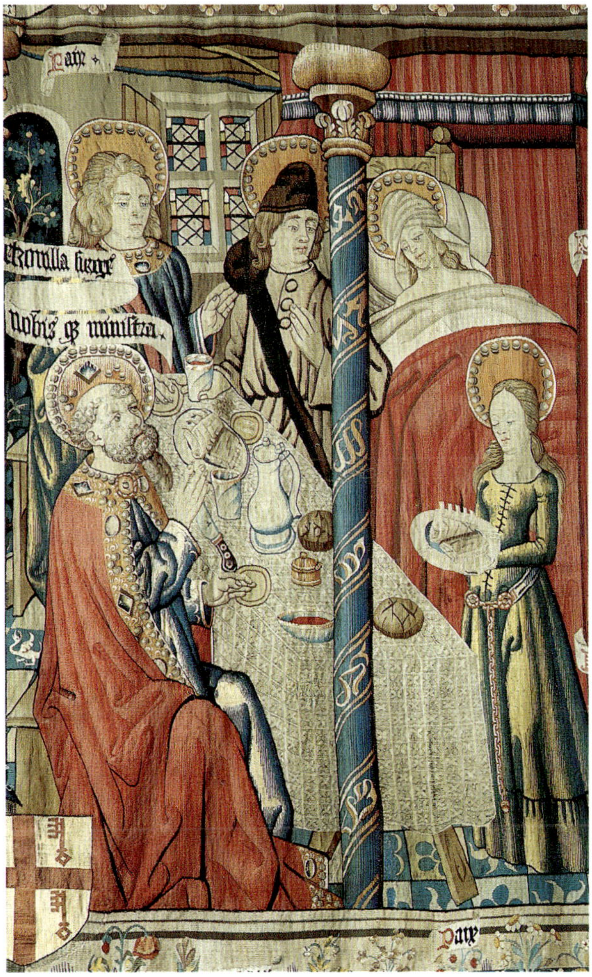

Fig. 38 : Guérison de Pétronille, *tenture de la* Vie de saint Pierre, *cathédrale de Beauvais, vers 1460.*
Photo P. Bérenger.

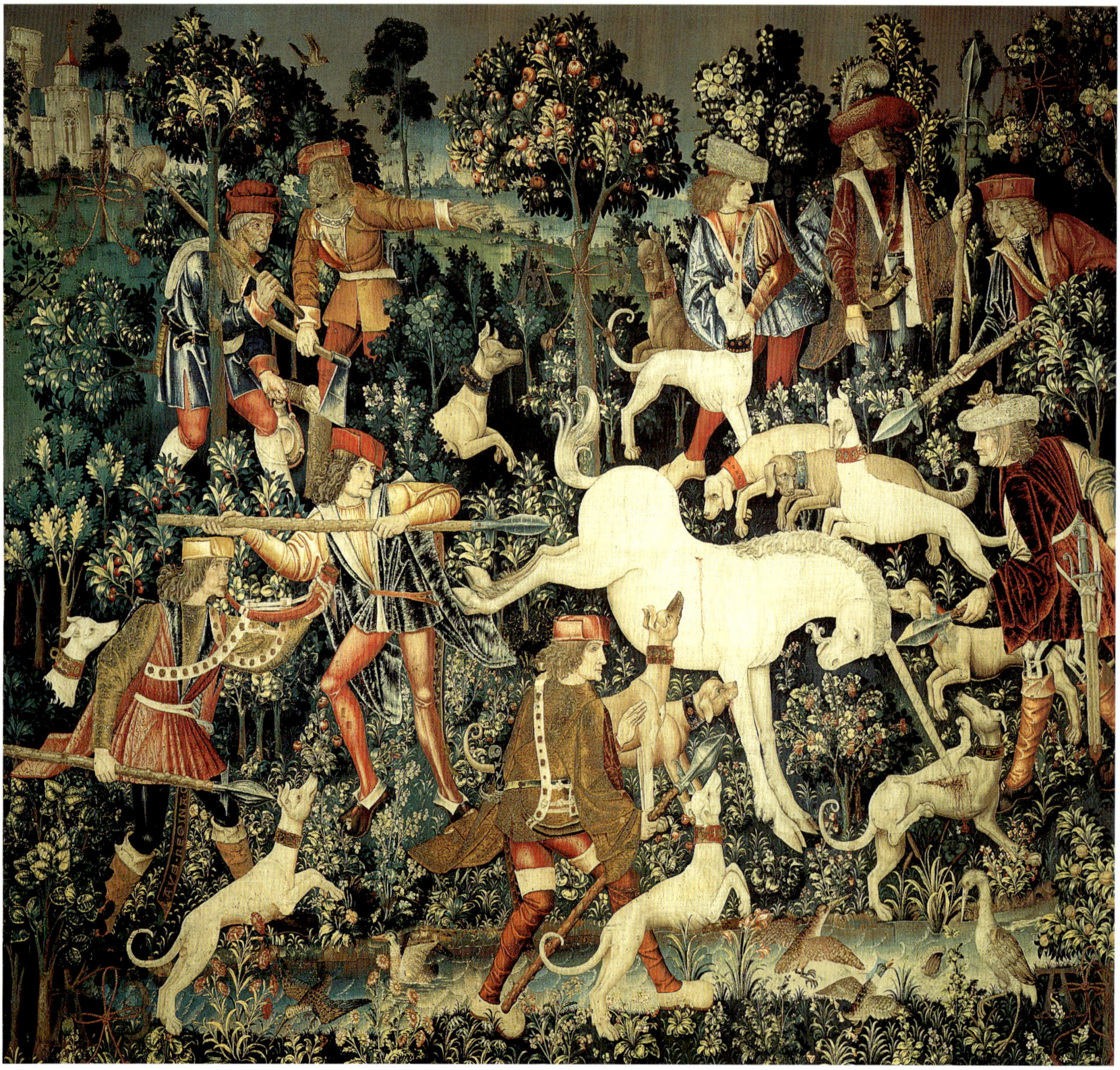

Fig. 39 : *La licorne se défend,*
tenture de la Chasse à la Licorne,
vers 1495-1505.
New York, The Metropolitan Museum of Art, The Cloisters Collection ; Gift of John D. Rockefeller, Jr., 1937.

Conclusion

L'art de la tapisserie connaîtra ensuite un autre destin, souvent lié à celui des manufactures, comme celle, célèbre, des Gobelins, manufactures qui permirent d'institutionnaliser sa production. Mais cet art restera toujours intimement lié à celui de la peinture et les plus grands artistes, tels Raphaël, Rubens, Vouet, Le Brun, Boucher, Goya, Le Corbusier ou Picasso donneront des cartons spectaculaires, adaptés, comme ceux du Moyen Âge, à une demande exigeante.

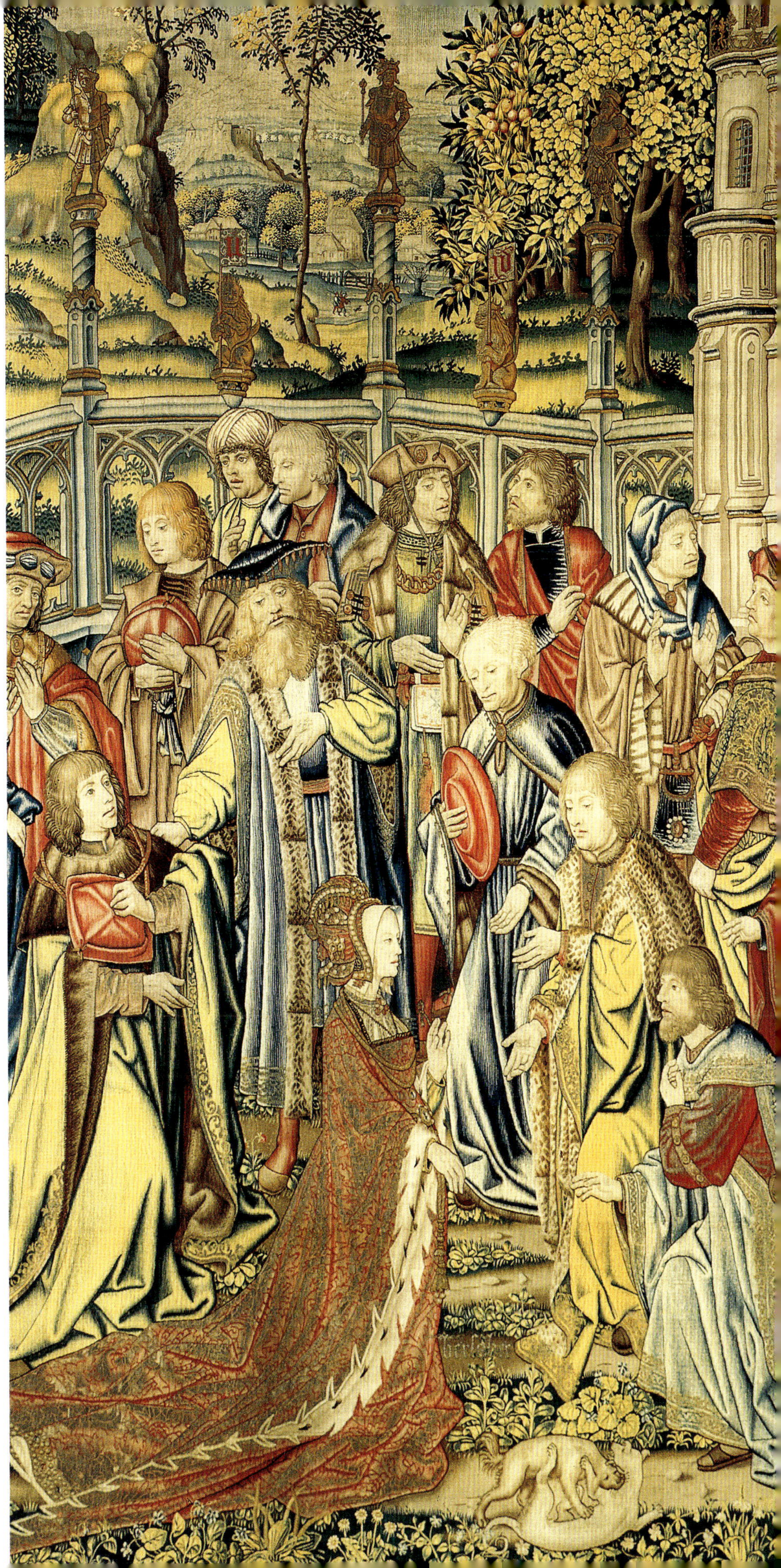

Fig. 18 : Bethsabée, remarquée par le roi David, est invitée au palais (détail), voir page 22.

Où voir des tapisseries du Moyen Âge en France

Angers, musée du château
Beaune, hôtel-Dieu
Beaune, collégiale Notre-Dame
Langeais, château
La Chaise-Dieu, abbatiale
Le Mans, cathédrale
Nancy, Musée lorrain
Paris, Musée national du Moyen Âge
Paris, musée du Louvre
Paris, musée des Arts décoratifs
Paris, musée des Gobelins
Reims, musée Saint-Remi
Saumur, église Notre-Dame de Nantilly
Sens, trésor de la cathédrale

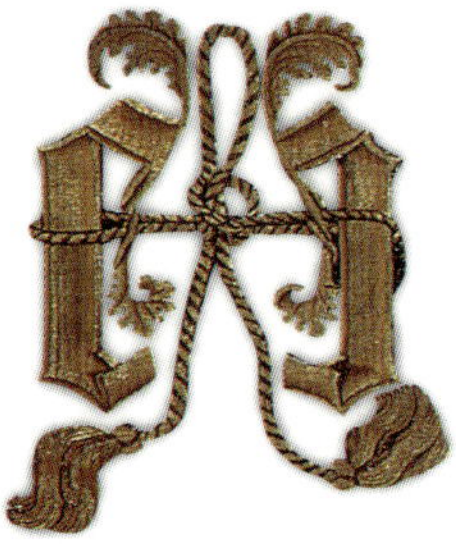

Orientation bibliographique

Catalogue de l'exposition : *Chefs-d'œuvre de la tapisserie, XIVe-XVIe siècle*, Paris, Grand-Palais, 1973-1974.

LESTOCQUOY, Jean, *Deux siècles de l'histoire de la tapisserie (1300-1500) : Paris, Arras, Lille, Tournai, Bruxelles*, Arras, 1978.

JOUBERT, Fabienne, *La Tapisserie médiévale au musée de Cluny*, Paris, 1987.

CAVALLO, Adolfo Salvatore, *Medieval Tapisseries in the Metropolitan Museum of Art*, New York, 1993.

JOUBERT, Fabienne, *La Tapisserie* (*Typologie des sources du Moyen Âge occidental*, fasc. 67), Turnhout, 1993.

Table des matières

Computer To Plate Pollina s.a.
© 2000 - Edilarge S.A. - Editions Ouest-France
Cet ouvrage a été achevé d'imprimer par l'imprimerie Pollina à Luçon (85) n° L 79999
N° d'éditeur : 3845.01.06.04.00 - I.S.B.N. 2.7373.2457.2
Dépôt légal : avril 2000